CNGSHI DAOLU LUDUAN JIASHIREN YU GUOJIE XINGREN XINGWEI TEZHENG JI ANQUAN BAOZHANG

城市道路路段驾驶人与过街行人行为特征及安全保障

程国柱　刘博航　池利兵　著

第1章　绪论
第2章　驾驶人与过街行人决策行为试验与博弈关系
第3章　驾驶人与过街行人决策行为风险概率及收益函数
第4章　驾驶人与过街行人决策行为博弈模型
第5章　城市道路行人过街信号与立体过街设施设置
第6章　驾驶人夜间对过街行人的视认试验
第7章　驾驶人夜间视认距离与车速消长关系
第8章　驾驶人夜间视认距离与光照强度的关系
第9章　城市道路人行横道处夜间车速限制与照明设计指标
参考文献

知识产权出版社
全国百佳图书出版单位

前　　言

　　我国城市道路交通系统运行的特征表现为严重的人车混行，在现有的行人过街设施中，未设置行人过街信号的人行横道占绝大部分，在通过这种过街设施时，驾驶人往往会以自我为中心，没有考虑交通弱者的优先通行，这就导致车辆与过街行人的交通冲突可能性加大。因此，机动车与行人冲突成为道路交通安全研究领域的热点之一。如何对驾驶人和过街行人的决策行为进行精确的数学描述，进而提出有效的控制策略成为研究难点。将博弈模型引入至驾驶人与行人决策行为研究中，可丰富道路交通安全研究领域的理论成果，为开展其他具有类似特征交通行为的研究提供借鉴与参考。

　　此外，夜间道路能见度降低，虽然城市内大部分道路均布设有照明设施，但灯光的照射角度及范围都受到很大的限制，在这种环境下驾驶人视认特征会有所改变，不易发现前方障碍物或突然出现的过街行人。当夜间行车速度过快时，如果驾驶人未能及时视认出过街行人，来不及采取减速或制动措施，就容易发生交通事故。为了降低交通事故率，提高夜间行车安全性，我国《道路交通安全法》要求在夜间或危险的路段行驶的车辆尽量降低速度以避免交通事故的发生，但其并未给出相应的夜间安全行车速度推荐值。应用驾驶人视认距离-车速-光照强度关系模型确定不同照明条件下人行横道处安全车速建议值及合理的照明设计指标，可为交通安全管理部门、城市交通规划与设计部门提供参考，进而提高过街行人的安全水平。

　　本书由河北省交通安全与控制重点实验室开放课题"城市道路路段驾驶人与过街行人行为特征及安全保障"（JTKY2015002）、吉林省自然科学基金项目"基于非合作动态博弈论的驾驶员与过街行人决策行为规律研究"（201215176）、吉林省科技发展计划项目"夜间环境下城市道路冲突区交通安全保障研究"（20140204026SF）资助出版。全书分为九章，依次为绪论、驾驶人与过街行人决策行为试验与博弈关系、驾驶人与过街行人决策风险概率及收益函数、驾驶人与过街行人决策行为博弈模型、城市道路路段行人过街信号设置、驾驶人夜间对过街行人的视认试验、驾驶人夜间视认距离与车速的关系、驾驶人夜间视认距离与光照强度的关系、城市道路人行横道处夜间车速限制与照明设计指标。本书写作分工如下：哈尔滨工业大学程国柱撰写第1～4章、第6～8章，石家庄铁道大学刘博航撰写第2、3章，中国城市规划设计研究院池利兵撰写第5章，长春工程学院徐亮撰写第9章。全书由程国柱统稿，哈尔滨工业大学研究生刘博通、莫宣艳、李德欢参与了数据分析与模型构建，知识产权出版社刘爽编辑为本书的出版提供了大力支持，在此一并表示感谢。

　　本书参考了有关标准、规范和论著，在此谨向有关作者表示衷心的感谢。

　　由于作者水平有限，书中难免有不足之处，敬请读者批评指正。

目 录

第1章 绪论 ·· 1
    1.1 研究背景与研究意义 ·· 3
    1.2 国内外研究现状 ·· 4
    1.3 本书的主要内容 ·· 8
第2章 驾驶人与过街行人决策行为试验与博弈关系 ··· 13
    2.1 影响因素分析 ·· 15
    2.2 试验假设与试验样本量 ·· 17
    2.3 试验方案设计 ·· 18
    2.4 驾驶人与过街行人的基本博弈关系 ··· 21
第3章 驾驶人与过街行人决策风险概率及收益函数 ··· 25
    3.1 决策行为分析 ·· 27
    3.2 碰撞风险概率模型 ·· 31
    3.3 收益函数构建 ·· 33
第4章 驾驶人与过街行人决策行为博弈模型 ·· 41
    4.1 驾驶人与过街行人决策集 ··· 43
    4.2 驾驶人与过街行人收益矩阵 ·· 45
    4.3 驾驶人与过街行人博弈模型构建 ··· 46
    4.4 博弈模型均衡解分析与应用 ·· 49
第5章 城市道路路段行人过街信号设置 ·· 53
    5.1 调查方案设计与参数分析 ··· 55
    5.2 模型构建及参数标定 ··· 58
    5.3 路段行人过街信号设置条件 ·· 62
第6章 驾驶人夜间对过街行人的视认试验 ··· 67
    6.1 试验条件界定 ·· 69
    6.2 夜间行人特征分析 ·· 73
    6.3 试验方案设计 ·· 79
第7章 驾驶人夜间视认距离与车速的关系 ··· 83
    7.1 驾驶人昼夜视认环境及视认距离对比 ··· 85
    7.2 不同照明条件下视认距离随车速变化的规律 ·· 91
    7.3 不同光照强度下的视认距离与车速的关系模型 ··· 98
第8章 驾驶人夜间视认距离与光照强度的关系 ·· 105
    8.1 夜间车速等级划分 ··· 107

  8.2 不同车速等级下视认距离随光照强度的变化规律 …………………… 108
  8.3 不同车速等级下的视认距离与照度关系模型 ……………………… 114
第 9 章 城市道路人行横道处夜间车速限制与照明设计指标 ………………… 121
  9.1 视认距离-车速-光照强度关系模型 ………………………………… 123
  9.2 城市道路人行横道处夜间车速限制 ………………………………… 125
  9.3 城市道路人行横道处照明设计指标 ………………………………… 131

参考文献 ……………………………………………………………………………… 138

第 1 章

绪 论

本章主要介绍研究背景、国内外研究现状以及本书主要的研究内容，包括驾驶人与过街行人决策行为试验与博弈关系、驾驶人与过街行人决策行为风险概率及收益函数、驾驶人与过街行人决策行为博弈模型、城市道路行人过街信号设置、驾驶人夜间对过街行人的视认试验、驾驶人夜间视认距离与车速的关系、驾驶人夜间视认距离与光照强度的关系、城市道路人行横道处夜间车速限制与照明设计指标等。

1.1 研究背景与研究意义

1.1.1 研究背景

随着城市化进程的加速及人民生活水平的不断提高，我国机动车保有量呈现出几何增长趋势。而我国又是人口大国，城市道路交通系统运行的特征表现为严重的人车混行。在现有的行人过街设施中，未设置行人过街信号的人行横道占绝大部分，在通过这种过街设施时，驾驶人往往会以自我为中心，没有考虑交通弱者的优先通行，这就导致车辆与过街行人的交通冲突可能性加大。因此，机动车与行人冲突成为道路交通安全研究领域的热点之一。如何对驾驶人和过街行人的决策行为进行精确的数学描述，进而提出有效的控制策略成为研究难点。

此外，随着居民夜间出行活动的日益增长，夜间交通安全也越来越受到人们的重视。相关文献表明，夜间发生交通事故的概率是昼间的5～10倍，而且其危害性远远高于白天发生的交通事故。经统计分析，行人交通事故伤亡人数约占道路交通事故伤亡总人数的20%，而过街行人伤亡人数却占行人伤亡总数的一半以上，这足以说明过街行人安全问题的严峻。究其根本原因，是昼夜不同的光照环境使驾驶人的视认特征及驾驶行为等产生一定的差异，导致对过街行人的视认不足。与昼间相比较，夜间城市道路车流量明显降低，车辆行驶速度有了很大的提高。而与此同时，夜间道路能见度也降低，虽然城市内大部分道路均布设有照明设施，但灯光的照射角度及范围都受到很大的限制，在这种环境下驾驶人视认特征会有所改变，使不易发现前方障碍物或突然出现的过街行人。当夜间行车速度过快时，如果驾驶人未能及时视认出过街行人，来不及采取减速或制动措施，就容易发生交通事故。

为了降低交通事故率，提高夜间行车安全性，我国《道路交通安全法》要求在夜间或危险的路段行驶的车辆尽量降低速度以避免交通事故的发生，但其并未给出相应的夜间安全行车速度推荐值。鉴于城市夜间过街行人交通安全事故频发，损失惨重，对设有人行横道的路段机动车夜间限速值进行研究有十分重要的现实意义。

1.1.2 研究意义

基于上述背景，本书力图在理论上实现交通参与者行为的博弈模型描述，分析构建夜间驾驶人视认距离-车速-光照强度的关系模型，在实际应用方面实现行人事故数量及严重性的大幅度降低。研究的意义体现为：

1) 开展驾驶人与过街行人的行为特性调查与分析，为开展人-车冲突行为研究提供完备的数据支撑与理论储备。

2) 将博弈模型引入至驾驶人与行人决策行为研究中，丰富道路交通安全研究领域的理论成果，为开展其他具有类似特征交通行为的研究提供借鉴与参考。

3) 基于理论模型的支撑，开展驾驶人行车速度控制策略、过街行人决策行为控制策略和机动车-行人分离控制策略研究，对交通管理部门制订对策、保障交通参与者出行效率与安全具有重要的现实意义。

4) 对昼夜驾驶人视认环境差异进行分析；应用驾驶人视认距离-车速-光照强度关系模型确定不同照明条件下人行横道处安全车速建议值及合理的照明设计指标，为交通安全管理部门、城市交通规划与设计部门提供参考。

1.2 国内外研究现状

1.2.1 国外研究现状

1. 人车碰撞风险研究

Davis 通过研究认为，冲突碰撞的可能性可以作为评价交通安全措施的手段，并且机动车和行人的碰撞概率与机动车的速度分布有关；Ashton 的研究表明，行人和车辆之间发生碰撞时的速度分布可以用来评价发生冲突的严重程度，并且指出通过合理调整机动车前部结构，可以大大降低车速在 40km/h 以下时人车发生碰撞对行人造成的损伤。

Pasanen 与 Salmivaara 进一步研究了瞬时速度和行人死亡风险的关系，根据他所提出的数学模型，碰撞时如果车速达到 50km/h，其造成的行人死亡风险要远远大于车速为 30km/h 时的值；Ma Xiaoliang 和 Andreasson Ingmar 利用早期的人车碰撞仿真模型，估计碰撞风险和死亡概率两个参数，最后应用蒙特卡洛法迭代计算安全参数，从而定性地评价了交通流中不同的 ISA（智能速度适配）百分率如何影响行人的安全，并得出死亡概率的下降要比碰撞概率下降更为显著的结论。

2. 行人过街行为特征研究

Simpson 等通过计算机模拟环境对年轻人和儿童过马路的行为进行了调查，并对其穿越道路的拒绝空挡和接受空挡进行研究，得出不同车速与年龄对行人接受空挡的影响；Tarawneh 研究了不同类型的行人穿越道路的速度，发现行人在穿越宽的街道时要比穿越窄的街道步速快，行人单独行走要比结队行走快，并进一步得出行人穿越道路的平均速度和设计速度；Keegan 研究认为行人一次性穿越道路时，将同时受到双向机动车流的影响，当路段上机动车流量较大、道路路幅较宽时，行人可以穿越的空挡将较少，等待时间将增加，容易造成行人冒险穿越，从而增加交通事故发生的概率，干扰道路上车辆的运行；英国的 Diaz 等通过研究交叉口处行人等待延误及其冒险过街行为，得出研究所在地过街行人可容忍的等待时间一般为 45~60s。

Himanen 和 Kulmalat 通过建立离散选择模型，对周边环境、驾驶人行为和过街行人行为之间的关系进行了分析，在此基础上得出，每组过街行人数量、与行人发生冲突的机动车速度、机动车流长度和行人距离道路边缘的长度是影响过街行人决策行为的关键因素。

Geetam Tiwari 等应用统计分析中的生存分析法，对过街行人的行为进行了评估，得出行人在过街时处于等待情形下的 Kaplan-Meier 生存曲线，并分析得到男性的容忍等待时间比女性短的结论；而当交叉口存在机动车流时，随着过街等待时间的不断变化，过街行人选择穿越的概率也在变化，当等待时间增加时，过街行人会出现烦躁不安的现象，并可能忽视信号灯规则冒险穿越交叉口；Sisiopiku 等通过对交叉口行人的行为进行问卷调查并进行实地观测，得出的结论表明，过街行人更倾向于选择不设置信号控制的路段过街人行横道；Hamed 等采用生存分析法研究了行人过街等待时间和过街尝试次数的分布规律，并得出了不同年龄和不同数目的过街行人所面临的风险概率。

Tiwari 等人采用了乘积限模型对行人过街的等待时间与冒险行为进行了分析；Dhillon 等人研究了不同情况下行人过街的相对危险性，认为无人行横道标线也无交通信号时危险程度为 1.0，有人行横道标线无管理规则时危险程度为 0.89，有人行横道标线有信号控制时危险程度为 0.53，有人行横道标线有交通信号控制且有安全岛时危险程度为 0.36；Dan Nemrodov 等人研究了宗教信仰不同的区域的行人过街违章行为，研究结果表明宗教信仰及意识形态的不同是造成不同地区行人过街违章行为不同的原因之一；Ki Beum 等人研究了交叉口处右转车辆与过街行人的冲突特点，对两者之间的相互影响关系进行了探索；Murphy 等人研究了手机对过街行人行为的影响，研究表明，当行人使用手机过街时，其步伐缓慢，容易忽视周围的交通运行状况，感知能力下降，并提出行人在过街时应避免使用手机。

3. 夜间驾驶人视觉特性研究

Curry David G. 研究了在夜间条件下驾驶人对路侧停靠的车辆车体表面的觉察范围。Konstantopoulos Panos 等对昼间、夜间、雨天三种行车环境进行了模拟，并对三种行车环境下的驾驶教练与驾驶初学者的眼部运动数据进行了分析，研究表明驾驶教练比驾驶初学者的处理时间更短、视野更广；在低能见度条件下（夜间及雨天），驾驶人的视觉搜索能力会有所降低。

Lim Ji Hyoun 等构建了驾驶人在夜视系统帮助下检测行人的行为特性计算模型，应用该模型为远红外传感与近红外传感两种夜视系统制订了各自的眼部运动策略。Wood Joanne M. 等人定量分析了驾驶人夜间对行人的感知能力，对结果进行分析，说明行人衣着颜色、灯光类型及眩光是影响驾驶人感知行人特性的显著因素；另外，驾驶人自身年龄对此也有一定的影响；驾驶人在近光灯、行人着黑色衣服及眩光共同作用下仅能识别 5% 的行人，而在无眩光条件下可以识别 100% 的着定向反光衣物的行人；在无眩光条件下，驾驶人的平均视认距离分布在 0（老年驾驶人、近光灯、行人着黑色衣服）～220m（青年驾驶人、远光灯、行人着定性反光衣物）。

Blanco Myra 研究了夜间良好天气与夜间不利天气条件下的驾驶人视认距离，构建了夜间行车时在配备夜视系统情况下的描述驾驶人特征与其危险感知、视觉特性的关系模型。Donofrio Robert L. 采用模拟的方法研究了眩光对驾驶人视觉反应时间的影响。Wood Joanne M. 选择 24 名测试者，按照年龄分为青年组（平均年龄 21.5 岁）、中年组（平均年龄 46.6 岁）和老年组（平均年龄 71.9 岁）三组，试验地点为一条 1.8km 长的封闭的环形道路，照明条件分为五个等级，试验结果表明，所有年龄组驾驶人的视认能力在夜间低照度条件下都会降低，其中老年驾驶人表现更为显著。

Zwahlen Helmut T. 对夜间驾驶人对进入匝道前设置的悬臂式标志的眼部搜索行为进行了研究，选择了 6 处高速公路与普通公路的立体交叉作为试验地点，测试对象为 6 名不熟悉路况的驾驶人，年龄分布在 22～42 岁，结果表明，调查得到的平均观看次数与观看持续时间数据暗示驾驶人从标志中获得了正常合理的信息。Lowden Arne 等人研究了青年驾驶人与老年驾驶人在夜间行车时的清醒水平，采用驾驶模拟器对 10 名年轻驾驶人（18～24 岁）、10 名老年驾驶人（55～64 岁）进行了测试，持续记录了驾驶人的脑电信息，研究结果表明青年驾驶人在夜间的嗜睡程度高于老年驾驶人。相关研究表明，在夜间男驾驶人比女驾驶人更具冒险性，不利于安全行车。Horberry 等人发现在夜间加大的交通标志比正常标志对驾驶人的作用效果好，驾驶人视认大标志后能够较好地理解并采取相应措施。

4. 夜间行车安全研究

Drissel Roger J. 对午夜至凌晨 5:00 的交通安全问题进行统计分析，发现与远程运输行业不同，零售业卡车驾驶人在该时段反而最为安全。美国密歇根大学交通研究所的一项研究采用夜间与白天事故数量比来评价与车辆特性相关的夜间事故变化，发现青年驾驶人在夜间的行驶里程比老年驾驶人长，其发生致死事故的风险也同比例增长，同时，青年驾驶人所驾驶车辆的价格也比中年和老年驾驶人所驾驶车辆的价格更为低廉；随着驾驶人年龄的增长，所驾驶车辆的档次也会随之提高。Keall Michael D. 等研究了酒精、驾驶人年龄和乘客数量对夜间行车驾驶人死伤率的影响，采用 Logistic 模型对 1995～2000 年的事故数据进行拟合，估测的事故风险随着驾驶人血液酒精含量的增加而显著提高，驾驶人血液酒精含量小于 200 mg/dl 时呈指数曲线关系；而且数据对 20 岁以下及 20～29 岁驾驶人比 30 岁以上驾驶人的统计显著性更高；在驾驶人年龄与血液酒精含量相同的条件下，与驾驶人单独驾车和载运有 2 名及以上乘客的情况相比，车中只有 1 名乘客的驾驶人发生死伤事故占总数的约 50%。

Khalied Hyari 等研究了高速公路夜间照明需求，并提出了一个切实可行的理论框架，即"建筑视觉要求"，该理论用于考虑和评价不同视觉和建设任务下的不同照明需求，为制定高速公路夜间安全保证措施提供了参考依据。Suh 等人通过调查研究，认为夜间道路照明及交通标志标线是驾驶人获取前方道路信息的重要保障和来源。S. Plainis 等人通过对驾驶人昼夜环境进行简单对比，评价了夜间不同光照对驾驶人反应距离的影响。Said M. Easa 等人研究发现夜间在平直道路上增加光照强度有利于驾驶人对交通标志的识别，这与曲线路段上的结果恰好相反。Preston 和 Rasmussen 研究发现在夜间城市道路发生交通事故的概率比乡间道路要小。

1.2.2 国内研究现状

1. 机动车与过街行人冲突研究

王俊骅、方守恩等利用交通冲突理论，通过记录人车冲突过程中车速和车辆轨迹的变化及过街行人的避险行为，建立了人车冲突严重程度的判别指标，对人车冲突中行人及车辆的避险特征进行了总结与分析。其研究结果显示，大多数机动车与过街行人发生冲突时，在距离冲突点 28 m 以内时，行人才开始采取避险行为；当过街行人流量在 120～140 人/h 或者机动车平均车头间距在 85～100 m 时，行人通常采取聚群寻找可穿越间隙的方式过街。

王俊骅、方守恩等还以路段车流量、过街行人流量和平均车速为指标，建立了饱和流率不超过 0.7 时的人车一般冲突频数预测模型及严重冲突频数预测模型，研究结果表明，人车冲突服从负二项分布，并建立了行人-车辆冲突概率模型，计量了我国发达城市人车冲突风险控制效益及成本，运用风险经济分析方法提出了行人-车辆冲突控制的方法。

马兰、王肇飞等借鉴交通冲突分析理论，分析了影响行人过街安全的冲突，并提出了基于过街交通冲突率的交叉口行人过街安全可靠度计算方法。朱芳芳等通过录像对无信控交叉口进行调查，分析了行人-车辆冲突特性，并利用统计数据建立了行人过街间隙选择行为概率与安全间隙之间的数学关系模型。

2. 行人过街行为特征研究

杨晓芳、韩印等人提出了无信控路段上过街行人安全过街的延误模型。模型指出，在路宽、行人流量一定的条件下，判定标准为行人极限忍耐时间，得出行人采用二次过街时的机动车流量范围,并制定了不同机动车、行人流量下,双向四车道、六车道路段的行人过街控制策略,包括无信号一、二次过街和有信号一次、二次过街。

杨晓光等人建立了无信号控制路段行人过街延误模型,通过对不同道路宽度、行人流量条件下的一次、二次过街的行人延误进行分析和比较,考虑行人过街的安全、便捷、机动车效率和道路条件,给出了双向两车道、四车道上两种过街方式的适用范围。

刘光新、李克平等人在分析了行人过街行为过程及其心理特征后,总结了过街等待时间、可接受间隙、过街违章行为、穿越速度特性以及道路交通环境等对过街行人的行为和心理的影响,并对行人的违章心理进行了分析,提出了减少行人违章的控制措施。

袁进霞等人利用无信号控制方式下过街人行横道、机动车道通行能力理论,提出了信号控制下人行横道通行能力的计算模型;基于概率论以及可穿插间隙理论,分析了人行横道处采用无信号控制方式以及信号控制方式的临界设置条件;在此基础上,以机动车道和过街人行横道通行能力为控制条件,分析了路段行人过街设施采用平面方式以及立体方式的临界设置条件。

郭宏伟、高自友等人利用行人过街实测数据,建立了基于风险的行人过街持续等待模型,并分别以非参数和参数为基准风险函数模型框架,分析了行人过街行为的影响因素以及行人违章过街的影响因素。其研究结果显示,非参数形式模型对行人过街等待行为描述更为准确,行人的过街行为呈现明显的时间相关性,违章倾向随等待时间的增加而增加。

裴玉龙、冯树民以交通冲突理论为基础,分析了行人过街过程,以车辆制动时间及距离作为冲突严重程度的判别标准,定义了行人过街的危险度,并最终给出了行人自由过街、无控制人行横道、信号控制无干扰人行横道、信号控制有干扰人行横道等条件下行人过街危险度的计算方法。

卢守峰等人借助生存分析法,分析了行人过街等待过程,并进行了数学建模,在对路段行人过街等待时间调查分析后,分别绘制出了老年、中年、青年、少年 4 类人群的过街等待时间生存曲线,同时给出了不考虑年龄影响的整个人群过街等待时间的生存曲线,并针对所研究的路段提出了行人过街最大容忍等待时间为 40~50s。此外,任炜、袁振州、吴建平等也对我国一些城市的行人特征进行了深入研究。

3. 夜间驾驶人视认规律研究

赵炜华等在国家自然基金资助下对动态环境下的驾驶人空间辨识规律进行研究并取得较多成果:运用 BP 神经网络对昼间和夜间条件下驾驶人的动态空间距离判识规律进行了研究;对驾驶人夜间动态环境下的空间距离判识变化规律进行了研究;探索了夜间驾驶人对红绿障碍物空间距离判识差异。方鼎采用眼动仪对驾驶人在动态环境中对不同大小的标志的视认规律进行了分析,得到相应的规律。富宏对夜间发生的交通事故形态进行分析,并与驾驶人夜间视认特征及对标志的视认距离等进行测试,分析了夜间驾驶人对发光物体的敏感性,并提出预防夜间交通事故的措施。赵炳强对驾驶人动态视力与目标物体颜色及照度的关系进行了探讨。姜明以驾驶人视认的基本特性为基础构建了交通标志前置距离计算模型,并给出了标志前置距离参照表。潘晓东等对夜间逆光条件下的驾驶人对道路标志的视认特性进行了研究,发现顺光条件下视认性较好。姜军等采用眼动仪和 GPS 等试验设备进行了驾驶人夜间标志视认实验,通过对试验数据的分析构建了指路标志位置计算模型。

4. 夜间行车安全研究

胡江碧等通过模拟研究发现夜间驾驶人的德尔塔脑电波能够很好地反映驾驶人的疲劳状况。

孙大志对美国德克萨斯州的驾驶人在夜间是否遵守限速规定进行跟踪调查，调查表明部分驾驶人不遵守限速规定，导致夜间交通事故频发。赵亮等通过试验，测出夜间车辆打开前照灯的情况下驾驶人对颜色的认知距离及感知距离。金键通过对驾驶人的夜间视力进行对比研究，发现夜间视力较差是发生交通事故的重要原因，并进一步提出了夜间驾驶人恢复视力的时间及夜间安全行车速度。张殿业等通过对夜间事故组与非事故组驾驶人的暗适应水平进行调查分析发现，事故组驾驶人的暗适应时间比较长，说明暗适应时间较长是发生交通事故的原因之一，并据此对夜间安全行车速度给出了建议。

裴汉杰探讨了车辆行驶速度与驾驶人动态视力及环境能见度的相关性，并认为较低能见度是黄昏时交通事故频发的主要原因之一。蔡光林通过室内试验的方法分析了光照强度的降低对驾驶人暗适应特性的影响水平，并认为事先降低光照强度对驾驶人的暗适应现象有所帮助。

1.2.3 国内研究现状评述

由于国外行人过街方式、车辆遇到行人时的避险方式以及路权的法律保障与我国存在根本的区别，所以这些研究成果很难在我国直接得到应用。其次，目前国外在行人车辆冲突方面的研究多集中于人-车冲突风险以及碰撞理论，这些模型本身是在假定的交通流模型以及车辆动力学模型的基础上发展起来的，而在实测行人与机动车冲突特性的研究方面则显得不足。国外针对夜间行车安全问题的研究较早，在驾驶人夜间视认特性方面研究了夜间驾驶人对路侧停车、道路障碍物及过街行人的视认能力，同时考虑了驾驶人年龄、经验及夜间环境因素的影响；从驾驶人视认特性角度出发，对交通标志设置合理性进行了评价，分析了交通事故与驾驶人视认特征的相关关系，并制定了相应的改善措施及策略。这些研究成果将为本项目研究提供良好的借鉴。

国内对于行人过街行为与安全的研究均是从行人角度考虑或仅仅从交通流参数入手研究冲突特征，而没有考虑与之冲突的机动车驾驶人，二者行为的交互作用才是导致冲突发生的原因所在。对夜间安全车速的研究也多从驾驶人视认特性等方面着手，包括对驾驶人昼夜动态视认规律及空间辨识距离等进行了研究，对夜间驾驶人疲劳时的脑电波变化规律、夜间视力及暗适应与行车安全的关系进行了分析。但国内外针对过街行人的驾驶人夜间视认特性及考虑行人的道路路段限制车速的研究却鲜有报道。

因此，本书将对城市道路路段驾驶人与过街行人的行为特征进行分析，构建二者的博弈关系模型，给出路段人行过街信号的设置条件；从分析夜间驾驶人对过街行人的视认规律入手，构建夜间视认距离-车速-光照强度关系模型，再根据夜间安全行车判别条件确定不同照明条件下的路段夜间限速及不同行车速度条件下的合理照明指标建议值。

1.3 本书的主要内容

1.3.1 驾驶人与过街行人决策行为试验与博弈关系

1. 影响因素分析

本书研究的对象为驾驶人与过街行人的博弈过程，环境为城市路段，对涉及的人、车、路三方面因素进行分析。

2. 试验假设与试验样本量

由于影响驾驶人与过街行人博弈的因素多而复杂,为排除次要因素,简化试验,使结论更具一般性,需对本试验提出假设,并保证试验数据满足样本量要求。

3. 试验方案设计

选取合适的试验时间与路段,对试验驾驶人与记录员提出要求,给出驾驶人与过街行人决策行为试验步骤。

4. 驾驶人与过街行人的基本博弈关系

简要介绍博弈论中涉及的基本概念,初步分析驾驶人与过街行人之间的基本博弈关系。

1.3.2 驾驶人与过街行人决策风险概率及收益函数

1. 决策行为分析

结合场地试验对驾驶人与过街行人的感知风险与决策行为进行分析,并给出决策损失的定量计算方法。

2. 碰撞风险概率模型

构建人-车碰撞风险概率模型,结合试验中测得的不同速度等级下驾驶人的决策行为及机动车速度变化情况,可以计算出不同决策的风险概率。

3. 收益函数构建

在车速等级划分的基础上,构建驾驶人决策行为的收益函数;结合过街行人等待时长划分结果,给出过街行人决策行为收益函数。

1.3.3 驾驶人与过街行人决策行为博弈模型

1. 驾驶人与过街行人决策集

分为驾驶人先决策和过街行人先决策两类,运用博弈树的概念,对两种不同情况双方的决策集分别进行分析。

2. 驾驶人与过街行人收益矩阵

依据构建的驾驶人与过街行人收益函数,计算给出在一方先行动后,另一方采取行动的收益,进而形成收益矩阵。

3. 驾驶人与过街行人博弈模型构建

以驾驶人和过街行人分别作为先决策一方,在代入决策集与收益矩阵后,求得博弈均衡时两个参与者的期望收益,给出驾驶人与过街行人的非合作动态博弈模型。

4. 博弈模型均衡解分析与应用

对驾驶人先决策和过街行人先决策两类博弈模型的均衡解进行分析,应用构建的博弈模型,从路段人行过街信号和车辆限速措施两方面提出设置建议。

1.3.4 城市道路路段行人过街信号设置

1. 调查方案设计与参数分析

给出城市道路路段人行横道处交通流参数的调查方案,分析过街行人等待时间与机动车流率、过街行人数量与机动车延误、行人过街安全性与机动车车速的关系。

2. 模型构建及参数标定

运用回归分析法分别建立机动车交通量与行人等待时间、交通冲突与机动车车速、交通延误与过街行人流量关系模型，并标定模型参数。

3. 路段行人过街信号设置条件

针对现行规范存在的问题，依据构建的理论模型，对城市干路路段行人过街横道处信号设置条件进行分析，提出相应的限值和分析计算公式。

1.3.5 驾驶人夜间对过街行人的视认试验

1. 试验条件界定

从分析夜间影响路段行车安全的因素入手，界定驾驶人视认距离及试验条件。

2. 夜间行人特征分析

从过街行人数量、过街行人步行速度及过街行人衣服颜色等方面进行分析，为下一步夜间驾驶人视认距离实验方案的设计奠定基础。

3. 试验方案设计

确定试验地点为同不光照条件下的城市主干路路段人行横道，以处于静止状态且其衣服颜色均较深的过街行人为队形，制订驾驶人夜间对过街行人的视认试验方案。

1.3.6 驾驶人夜间视认距离与车速的关系

1. 驾驶人昼夜视认环境及视认距离对比

在采集到的驾驶人昼夜对过街行人视认距离数据的基础上，对比分析驾驶人昼夜视认环境及视认距离的差异。

2. 不同照明条件下视认距离随车速的变化规律

在选取照明设计指标后，对不同照明条件下的驾驶人对过街行人的视认距离随车速的变化规律进行分析。

3. 不同光照强度下的视认距离与车速关系模型

利用 SPSS 统计分析软件对不同光照条件下的驾驶人视认距离与车速度模型的参数标定，比较相关系数后选择最优模型。

1.3.7 驾驶人夜间视认距离与光照强度的关系

1. 夜间车速等级划分

为了便于研究不同行车速度下的驾驶人视认距离随平均光照强度的变化规律，进行夜间车速等级划分。

2. 不同车速等级下视认距离随光照强度的变化规律

依据车速等级划分结果，分别对不同车速等级下的驾驶人对过街行人的视认距离随照度变化的规律进行分析。

3. 不同车速等级下的视认距离与照度关系模型

采用 SPSS 软件对不同行车速度下的驾驶人视认距离与照度关系模型参数进行标定，从中选择能说明二者关系的最优模型。

1.3.8 城市道路人行横道处夜间车速限制与照明设计指标

1. 视认距离-车速-光照强度关系模型

构建夜间驾驶人视认距离-车速-光照强度三者间的关系模型,通过对关系模型的标定和检验,确定视认距离-车速-光照强度最优模型形式。

2. 城市道路人行横道处夜间车速限制

根据驾驶人夜间视认距离与汽车安全停车距离的关系,建立考虑过街行人的夜间安全行车判别条件。通过迭代计算,给出不同光照强度下的人行横道所在路段的车速限制值和限速标志前置距离计算式。

3. 城市道路人行横道处照明设计指标

依据过街行人的夜间安全行车判别条件,给出不同车速条件下人行横道处照明指标计算公式,并对路段人行横道处的光照强度及路灯布设形式给出建议。

第 2 章

驾驶人与过街行人决策行为试验与博弈关系

本章从分析影响驾驶人和过街行人决策行为的因素入手，设定驾驶人与过街行人决策风险试验的条件，并制订试验方案，利用场地试验测定不同车速条件下驾驶人与过街行人采取的决策及其感知的风险大小，并初步分析驾驶人与过街行人之间的基本博弈关系。

2.1 影响因素分析

道路交通环境复杂，因而影响驾驶人与过街行人对决策风险判断的因素有很多，这些因素归结起来，不外乎人、车、路、环境四方面。这些影响因素都有自身的特性，并会产生相互作用，使道路交通系统的研究变得较为困难。本研究的对象为驾驶人与过街行人的博弈过程，环境为城市路段。下面对涉及的人、车、路三方面因素进行分析。

2.1.1 人的因素

人处于交通活动中的主导地位，是道路交通活动的主体，是道路交通系统最重要的影响因素，同时也是影响道路交通安全的首要因素。相关研究的统计表明，超过93%的道路交通安全事故与人的因素有关，如表2.1所示。

表2.1　　　　　　　　　　人与道路交通事故的关系

因素	比重/%
单纯车的因素	2
道路与环境综合因素	4
车与环境的综合因素	1
单纯人的因素	58
人与环境的综合因素	26
人与车的综合因素	6
人、车、环境的综合因素	3

本书研究的驾驶人与过街行人博弈过程，人是关键因素，下面分别对驾驶人和过街行人的相关特征进行分析。

1. 驾驶人

驾驶人负责操控车辆，控制车辆在行驶过程中的运行轨迹，其单体特征对车辆运行影响极大。在车辆运行过程中，驾驶人需不断接收车内外的实时信息，通过分析→判断→决策，进而采取合理的反应，这要求驾驶人具备应对复杂交通环境的能力。

本章研究的重点是驾驶人与过街行人的博弈行为，驾驶人和过街行人的基本特征对他们习惯采用的策略有直接影响。与本研究相关的驾驶人特征包括性别、年龄、驾龄、视力和个人心理特性等。

(1) 性别

一般说来，男性驾驶人反应时间短，分析处理问题的综合能力强，在遭遇突发事件时，男性驾驶人往往更果断，且敢于冒险；女性驾驶人反应时间较长，在遭遇突发事件时容易惊慌失措，其在决策时较犹豫，倾向于保守而避免冒险。

(2) 年龄

处于不同年龄阶段的驾驶人，其反应能力和驾驶行为也有不同。对驾驶人进行一般情况和紧急情况下的驾驶反应测试，在一般情况下，年龄大者（不超过45岁）得分多、事故少；在紧急情况下驾驶，年龄在22~25岁者得分高，事故少，年龄大者得分低。22~25岁的男驾驶人反应时间短。据调查，22岁的男性，教习22h可获得驾驶执照；45岁的男性，则需35h方可获得驾驶执照；45岁以上的男性，身体素质、神经感觉、精力等均有衰退，驾驶机能降低。

（3）情绪和注意力

驾驶人的反应与决策不仅与年龄和性别有关，还与驾驶时的情绪状态与注意力集中程度有密切联系。当驾驶人处于平静舒适的状态下，其反应速度快，大脑灵敏度高，判断较准而失误少，反之则失误多。特别是在情绪激动状态下，驾驶人产生误判的几率会大大增加。

（4）个人特征

在驾驶过程中，驾驶人的个性特征对其心理活动起着至关重要的作用。驾驶人神经质倾向强，容易产生不满、焦虑情绪，这种情绪在行车中极易造成交通事故的发生；如果驾驶人能保持开朗乐观的心境，则一般不易发生交通事故。

驾驶人的安全态度也是其重要的个人特征。驾驶人安全态度不同，其驾驶行为的表现也不同。不良的安全态度很容易导致事故的发生，一般将易发生交通事故的驾驶人的安全态度分为刺激型心理、麻痹型心理、侥幸心理、随意性心理等。

2. 过街行人

过街行人是重要的交通参与者。在我国私人交通飞速发展的今天，机动化水平的显著提高使得行人在道路交通中逐渐处于弱势地位，尤其在与车辆存在路权冲突时，行人安全受到极大威胁。

（1）性别与年龄

在过街行人中，年轻人比老年人、男性比女性反应更快，做决定更加果断，也更倾向于采取冒险行动，这对处于弱势的行人来说是不利的。

（2）过街速度

行人过街步速的平均值为1.0~1.6m/s。在穿越道路时，如果穿越空档较大，行人有较充足通过空间时，其步行速度一般大于平均速度，保持在1.2m/s以上；若穿越空档较小，行人穿越时的步行速度往往超过2m/s。

（3）过街行人数量

过人行人数量是指在一次过街行动中同时选择穿越行人的数量。行人有聚众过街、降低风险的心理，对道路交通影响大。当行人聚众过街时，驾驶人驾驶会更谨慎，也更易采取妥协策略。

2.1.2 车的因素

汽车是道路交通系统中的客体，负责运载人或物从一地移动至另一地。车辆在行驶时，要保证良好的性能，主要包括制动性能和动力性能。

1. 制动性能

在同等条件下，制动时间和制动距离是评价车辆制动性能的重要指标。

影响车辆制动性能的因素有很多，如车辆自身和路面状况等。制动距离（时间）是指从车辆制动开始直至停止所驶过的距离（经过的时间），该距离（时间）不考虑驾驶人的反应距离。

2. 动力性能

一般应用加速能力、爬坡能力和最高行驶速度三个参数表征车辆的动力性能，动力性能良好是车辆正常而稳定行驶的重要保证。

2.1.3 路的因素

道路是行人步行和车辆行驶所必需的交通设施。本书的研究主要针对城市内的道路，即城市道路。快速路严格封闭，禁止行人进入，采用立体行人过街设施，故没有过街行人与机动车冲突；支路一般较窄，只有单车道或两车道，且车流量较小，过街行人与机动车冲突的概率和严重程度都较低。主干路和次干路通常过街行人流量较大，且往往未设置立体过街设施，故成为本书的研究对象。相关的道路特性包括断面形式、路面宽度和路面状况。

1. 断面形式

城市道路断面一般分为单幅路、双幅路、三幅路和四幅路四种形式。单幅路无中央分隔带，容易发生行人违章过街的情况。双幅路有中央分隔带，行人不易直接穿越，但可利用中央分隔带躲避车流，形成二次过街。三幅路和四幅路占地面积大，行人过街过程可简化为单幅路和双幅路过街的组合。

2. 路面宽度

当道路较窄，机动车车道数较少时，过街行人需穿越的距离短，其能在较短时间内到达另一侧，故行人冒险过街的概率会增高。当道路较宽，机动车车道数较多时，行人以正常步行速度很难在短时间内穿越整条道路，通常需要二次或者多次过街，这将使行人在路中间滞留时间变长，安全风险增加。

3. 路面状况

按照施工材料分类，路面可分为沥青路面和水泥路面，两者的附着系数显著不同，在一定程度上会影响汽车性能的发挥和驾驶人的决策。另外，雨、雪、冰等天气因素对路面造成的影响非常大，在极端条件下，过街行人和驾驶人都会降低速度，并采取极端保守的策略。

本书所选取的驾驶人和过街行人的身体和心理状况良好，情绪稳定，在博弈过程中，二者注意力均高度集中，并认为他们能实时做出对自己最有利的决定；选取试验的车辆，加速和减速性能良好；路面状况良好，无不良天气影响，即尽可能保证试验中驾驶人和过街行人对局势的判断为主要影响因素，将其他因素的影响降至最低。

2.2 试验假设与试验样本量

2.2.1 试验假设

由于影响驾驶人与过街行人博弈的因素多而复杂，为排除次要因素，简化试验，使结论更具一般性，对本试验提出如下假设。

1) 假设在博弈过程中，局中人完全"理性"，即在条件允许的情况下，追求利益最大化。一旦判断自身具备穿越条件时，驾驶人或行人会选择穿越，而非避让。

2) 假设在聚众过街情形下，过街行人选择穿越的时机与第一个选择穿越的人有关，且这个人是"理性"的。当"理性人"选择穿越时，其他的人会紧紧跟随其穿越。所以将聚众过街中所有过街行人与驾驶人博弈简化为"理性人"与驾驶人博弈。

3) 老人、小孩或行动不方便的行人在等待过街时,其所需的安全穿越间隙远高于常人,在此状况下,过街行人与驾驶人间的博弈关系变得极弱,因此试验将研究重点放在身体健康、反应敏捷的青中年人上。

4) 相关的调查研究显示,接近85%的行人认为车辆行驶到距自身10～20m的距离时车辆对其安全构成威胁,无法自由穿越,因此本试验设定驾驶人和过街行人需要采取决策的位置为机动车距行人穿越路线为$l=15\text{m}$。

2.2.2 试验样本量

试验的样本量需根据统计学计算公式确定:

$$n = \frac{Z^2 \sigma^2}{E^2} \tag{2.1}$$

式中,n——最小样本量;

Z——标准差误差的置信水平,表示估计结果的可靠性,置信度越高,要求的样本越大,一般置信度为95%,对应的$Z=1.96$;

σ——方差,表示样本间的离散程度,在方差未知的情况下可以用样本率进行评估,当样本率$P=0.5$时$P(1-P)$达到最大,即方差取得最大值;

E——可接受的抽样误差,一般为1%～10%,允许误差越小,所需样本量越大。

本次试验取95%的置信水平,即$Z=1.96$,样本率$P=0.5$,$E=10\%$,计算得到本试验的最小样本容量为96.04次,向上取整得到100次。

为保证试验数据满足样本量要求,同时考虑剔除离群值的需要,最终将试验样本量定为120次。

2.3 试验方案设计

2.3.1 试验时间与路段

1. 试验时间

本试验选择在天气状况良好的白天,避免雨雪天气,保证路面干燥且驾驶人和过街行人不受不良天气影响。由于本试验中车辆的最高行驶速度达到70km/h,且需模拟过街行人参与,具有较高的危险性,故为降低试验风险,试验选择白天车流量较小的时段,为08:00～10:30和14:00～16:30。

2. 试验路段

为了能够客观、准确地反映城市路段上机动车与过街行人博弈过程中两者感知的偏差,了解两者感知偏差规律,需要对机动车和过街行人的实时行进速度及距冲突点距离进行测量,这在城市中心区交通流量较大的干路上几乎不可能实现。由于中心区交通条件复杂,难以排除其他因素干扰,且在试验车以较高速度行驶时无法保障试验人员的安全,故将试验路段选择在哈尔滨市群力区,并选择交通流量较小、道路平直、无交通控制信号、长度满足车辆加减速要求的路段。

本试验路段选择在哈尔滨市群力新区,该区道路建设标准较高,车流量小,且视距良好,适宜开展试验。根据试验要求选择景观东路和景观西路作为试验路段,两条路均为单向三车道,限速 70km/h,能满足试验对车速的要求。

2.3.2 试验人员与器材

1. 试验人员

(1) 驾驶人

本试验驾驶人将全程参加,其在试验中的地位十分重要,为尽可能客观反映其感知及决策规律,本试验选择 8 名富有经验、操作熟练的驾驶人。驾驶人年龄在 20~50 岁,身体状况良好,且理解和沟通能力好,对试验方案及研究内容充分了解。在进行试验前,驾驶人应做好充分准备,保证充足的睡眠,不饮酒,以保证试验数据尽可能准确。在试验的不同阶段中,驾驶人将根据需要保持预定车速行驶,至决策点时根据经验采取应变决策,并在决策同时发出声音提醒,当车辆到达行人位置时也应发出声音提醒,以便随车人员记录时刻。在试验完成后,驾驶人需向记录员报告其对试验中决策的风险程度估计。

(2) 记录员

本试验需要记录员 1 名,坐在副驾驶座位。试验中,记录员负责记录驾驶人决策前的初始速度、驾驶人的决策行为(加速、减速、匀速)、执行决策的起止时刻、车辆或过街行人中一方先完成穿越时车辆的运行速度。

(3) 过街行人

本试验具有一定的危险性,故选择的过街行人应保证良好的身体状态,反应敏捷。试验中选择了 5 名志愿者。试验过程中,当车辆按照预定速度到达决策点时,行人需根据自身判断采取决策(穿越、等待),并在结束后评价决策的风险程度。

2. 试验器材

(1) 试验车辆

试验车辆为五菱牌面包车,车辆加速及制动性能正常,行驶性能良好,油料充足,能够满足试验要求。

(2) 摄像机

摄像机架设在试验区域旁,用以记录人车博弈过程中的速度变化,以备在实验室内进一步研究车辆和行人的加减速过程。

(3) 标志墩

标志墩由试验区域起始点至试验区域终止点等距摆放,间隔 3m,用以作为视频分析时的参照物。

(4) 秒表

秒表用于记录试验车辆以预定速度经过决策点后采用加速或者减速行驶的时间。

(5) 皮尺

皮尺用于在试验现场量测所需的长度参数。

2.3.3 试验步骤

驾驶人与过街行人决策行为试验布置如图 2.1 所示,试验记录见表 2.2 和表 2.3。

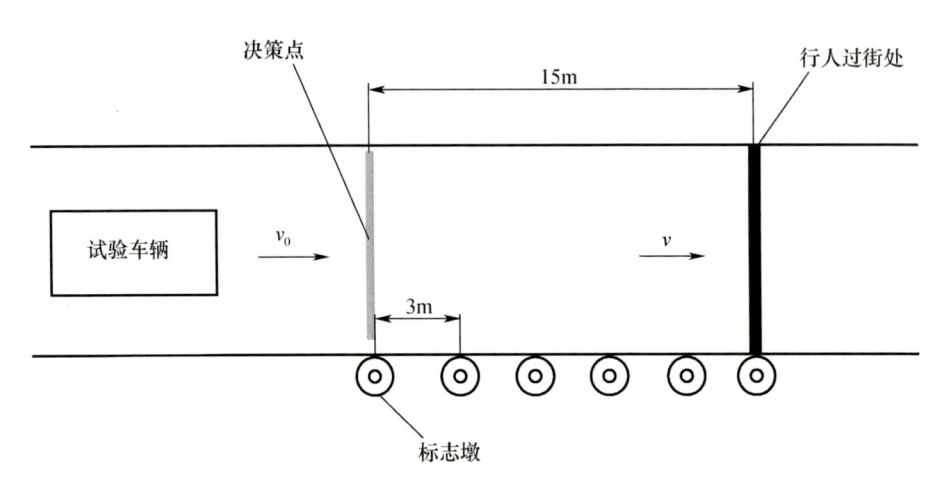

图 2.1 决策风险试验示意

表 2.2 驾驶人决策行为试验记录表

驾驶人姓名：		试验日期：	
试验区编号：（ ）	试验编号：（ ）	初始速度：（ ）km/h	
驾驶人决策操作：加速； 匀速； 减速；			
完成操作后速度：（ ）km/h		操作持续时间：（ ）s	
决策风险评估：很危险； 危险； 一般； 不很危险； 不危险			

表 2.3 过街行人决策行为试验记录表

模拟人姓名：		试验日期：	
试验区编号：	试验编号：（ ）		
行人决策操作：穿越； 等待；			
决策风险评估：很危险； 危险； 一般； 不很危险； 不危险			

1) 在试验路段上，选取 4 段试验区，各试验区相隔 100m。在每个试验区，用皮尺量取 15m 的距离，并在两端用标志墩做标记，在中间每隔 3m 放置一个标志墩。在试验区域旁合适位置架设摄像机，保证能够拍摄到整个试验区域。

2) 在每个试验区的末端各安排 1 名过街行人，要求过街行人站在行车道标线一侧。驾驶人按照试验预定的初始速度 v_0 驶入第 1 个试验区的起点，并在驶离后调整车速，在达到下一个试验区前调整至速度 v_0。

3) 当车辆驶入试验区时，记录员记录驶入时刻 t_0，并记录驾驶人的决策（加速、减速、匀速），记录决策的起止时刻和速度；模拟行人需在车辆进入试验区时采取决策（穿越、等待）。

4) 当车辆驶离试验区后，驾驶人应向记录员报告其对该次试验的风险评估（非常危险、比较危险、一般危险、略有危险、无危险），记录员做记录；过街行人应记录试验中自己采取的决策（穿越、等待），并评估承担的风险（非常危险、比较危险、一般危险、略有危险、无危险）。

5) 重新设定车辆进入试验区的速度 v_0，v_0 变化范围为 20~70km/h，重复步骤2)~4)。

2.4 驾驶人与过街行人的基本博弈关系

为更好地理解博弈分析过程,本节将简要介绍博弈论中涉及的基本概念。博弈一般指由两个或两个以上参与者所构成的特殊竞争局面。根据参与者的行动是否存在先后顺序、公共信息是否是共识,又可将博弈分为静态和动态博弈、完全信息博弈和不完全信息博弈,而这几种博弈可以在某些限定条件下相互转换。

静态博弈指所有参与者同时采取行动,或者虽然参与者的行动有先后顺序,但后行动的一方不知道先行动方的选择;动态博弈指所有参与者的行动存在先后顺序,不同的参与者将在不同的时间节点行动,而先行动的一方所做出的选择将影响到后行动方的策略,即后行动方可通过观察先行动方的策略采取对自己最有利的行动。

完全信息博弈指在所有参与者的不同行动组合下,各个参与者所得到的利益对所有参与者都是共识;不完全信息博弈是指在所有参与者的不同行动组合下,各个参与者所得到的利益对所有参与者不是共识。

2.4.1 博弈标准式

根据博弈理论,博弈标准式表述应包括:
1) 博弈的参与者。
2) 每一个参与者可供选择的策略集。
3) 针对所有参与者可能选择的策略组合及每一个参与者获得的收益。

本研究中,博弈的参与者为驾驶人与过街行人,因此设参与者的序号为 i,$i=1$ 表示机动车,$i=2$ 表示过街行人。

以 S_i 表示参与者 i 可选择的策略集合,称为参与者 i 的策略空间,策略空间中任意特定的策略用 s_i 表示,则对于驾驶人,其策略空间 S_1 = {加速,匀速,减速},对于过街行人,其策略空间 S_2 = {等待,穿越}。

以 $(s_i, \cdots, s_n)$ 表示每个参与者选定一个策略形成的战略组合,本研究的博弈行为策略组合有 6 种:{(加速,等待),(加速,穿越),(匀速,等待),(匀速,穿越),(减速,等待),(减速,穿越)};

以 u_i 表示参与者 i 的收益函数,$u_i(s_i, \cdots, s_n)$ 为参与者选择策略 $(s_i, \cdots, s_n)$ 时第 i 个参与者的收益。

综上,构建博弈标准式的关键在于建立参与者 i 的收益函数,本书第 3 章将分别构建驾驶人和过街行人的收益函数。

2.4.2 驾驶人与过街行人博弈的表现形式

为更好地理解驾驶人与过街行人的博弈分析过程,下面将简要介绍模型建模过程中要用到的相关概念。首先分析一般情形下驾驶人与过街行人的博弈实例。

在某城市道路路段人行横道处,当博弈开始时,行人在路侧等待穿越机会。此时,如果机动车流量较低,前后车间距很大,则行人穿越机会充足,其无需冒险强行穿越而与机动车发生冲突;而当机动车流量较大,前后车间距较小时,行人穿越机会很少,其需寻找合适的机会冒险穿越车道,从而形成了与机动车的博弈。

在后一种情形下,对每辆来车,行人可以选择等待(W)或是穿越(C);同样,对每个与机动车博弈的行人,驾驶人可以选择加速(A)、匀速(U)或者减速(D)。由于来车的初始速度不同,参与博弈的双方选择不同策略所对应的收益也不同。

对于不同状态下参与双方做出选择后所得到的收益,本研究着重考虑行人和机动车各自的决策风险和延误。

图2.2是对驾驶人与过街行人博弈中所有可能发生的事件的展开描述。该树图最左端的节点表示博弈的开始,而最右端的节点表示博弈的终止。最左端的起始节点用"0"表示,而从起始点到达终止点的一条完整路径代表由各类影响因素所决定的一个独立发生的事件。

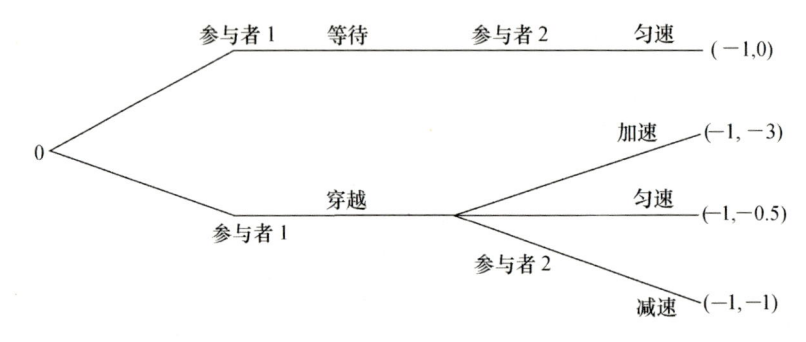

图2.2 驾驶人与过街行人博弈的一般表现形式

对图2.2博弈过程中的所有博弈过程的描述如下。

1) 参与者1(过街行人)遇到参与者2(驾驶人),参与者1选择等待,参与者2选择匀速通过。参与者1因等待时间延长形成延误,设其收益值为-1,而参与者2由于并未受到任何影响,设其收益值为0。由最上方的路径表示,终点处表示的收益向量为(-1,0)。

2) 参与人1在遭遇参与人2后,采取穿越策略,参与人2选择加速。参与人1在选择穿越时承受了一定的风险,其收益值为-1,而参与者2采取了风险十分大的加速行为,虽然不会生成延误,但却大大增加了风险,设其收益值为-3。由上方第二条路径表示,终点处表示的收益向量为(-1,-3)。

3) 同理可得,第三条路径表示参与人1在博弈中采取穿越策略,参与人2选择匀速。参与人1在选择穿越时承受了一定的风险,其收益值为-1,而参与者2采取的策略虽然不会生成延误,但却有一定的风险,设其收益值为-0.5,终点处表示的收益向量为(-1,-0.5)。

4) 第四条路径表示参与人1在博弈中选择穿越策略,参与人2选择减速避让。参与人1在选择穿越时承受了一定的风险,其收益值为-1,而参与者2采取的策略虽然生成延误,但却降低了风险,设其收益值为-1,终点处表示的收益向量为(-1,-1)。

更进一步,引入信息状态标号,可运用图2.2表示展开型博弈。

图2.3中W和C分别表示行人采取等待和穿越策略,A、U和D分别表示驾驶人采取加速、匀速和减速策略。如标号2.2位置表示参与人2(驾驶人)在该信息状态下的结点集,此时驾驶人可以判断自己是处于过街行人选择穿越策略后的结点,从而可以依照过街行人的行为判断自己的决策收益。

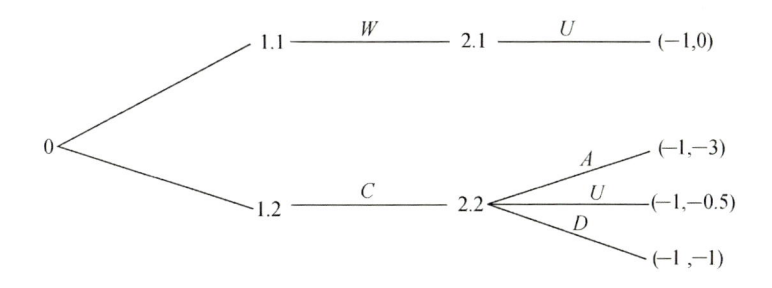

图 2.3　驾驶人与过街行人博弈的标准表现形式

第 3 章

驾驶人与过街行人决策风险概率及收益函数

为构建完整的博弈模型，必须分析博弈过程中参与者、参与者策略及不同策略组合下各个参与者的收益函数。本章主要研究驾驶人与过街行人的决策风险概率及其收益函数，通过试验数据分析驾驶人与过街行人在博弈中判定的风险大小，并通过相关研究标定驾驶人与过街行人认定的收益大小，建立驾驶人与过街行人决策行为的收益函数，并计算其收益值。

3.1 决策行为分析

在博弈中，本研究假设参与人是理性的，即驾驶人与过街行人将根据自己的判断，评估决策风险的大小，进而采取最有利于自身的策略。本节将结合场地试验对驾驶人与过街行人的感知风险与决策行为进行分析。

3.1.1 感知风险

1. 驾驶人

在不知道行人将如何决策的情况下，驾驶人对面临风险的判断主要取决于初始车速，了解驾驶人对风险判断关于车速变化的规律显得尤为重要。

在场地试验中，笔者将风险分为"不危险""不很危险""一般""危险"和"很危险"5个等级，并分别对应数字1、2、3、4、5。通过场地试验可以看出，随着车速的提高，驾驶人判断碰撞风险等级也越来越高，如图3.1所示。

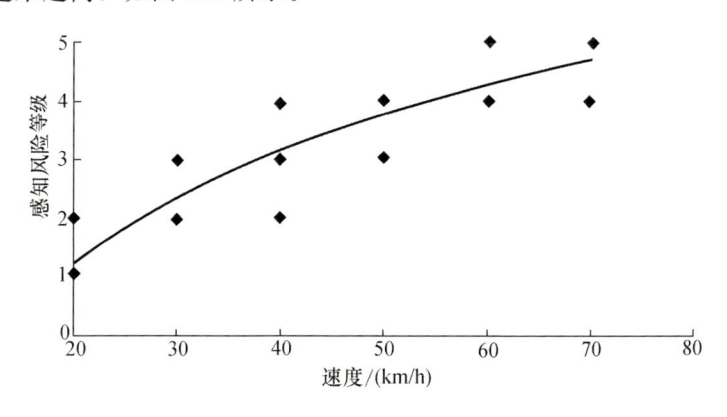

图 3.1 行驶速度-感知风险

由图 3.1 可以看出，当初始速度在 40km/h 以下时，驾驶人对风险评估较低，但在这一区间，驾驶人感知的风险随车速变化上升较快；在 40～60km/h 这一速度区间，驾驶人感知的风险随车速变化的趋势逐渐变缓，主要集中在"一般"和"危险"两个等级；而当初始车速超过 60km/h 后，驾驶人普遍认为风险很高。

2. 过街行人

在不知道驾驶人将如何决策的情况下，过街行人对面临风险的判断主要取决于决策时与之博弈的机动车行驶速度，因此有必要了解过街行人对风险判断关于车速变化的规律。

在场地试验中，同样将过街行人对风险的判定分为"不危险""不很危险""一般""危险"和"很危险"5个等级。试验结果表明，当机动车的初始速度在 40km/h 及以下时，过街行人对风险评估较低，但在这一区间，过街行人感知的风险随初始车速变化上升很快；当初始车速为

40~50km/h 时，过街行人对风险判断差异较大，在"不很危险"至"危险"区间；而当初始车速在 50km/h 以上时，过街行人普遍感到"危险"。

3.1.2 决策行为

1. 驾驶人

当驾驶人感知的风险不同时，其采取的策略也有所差异。这其中有理性人追求最大利益的因素，同时受驾驶人根据驾驶经验猜测行人可能做出决策的影响。下面将结合场地试验数据，分析驾驶人在不同的感知风险下所采取的决策行为，并探讨原因。

当驾驶人感知的风险处于"不危险"和"不很危险"级别时，约 64% 的驾驶人会选择加速，约 36% 的驾驶人选择车速不变。根据试验，当初始车速处于较低状态下，驾驶人感知风险较低，此时驾驶人对延误不敏感，此时驾驶人保持匀速即可避让行人，使其通过；但有相当多驾驶人会采取适当加速抢行，分析合理的原因应为，驾驶人根据平时的驾驶经验，虽然不知道行人将采取何种策略，但可以通过加速的方式逼迫行人等待而自身优先过街。在此种情境下，驾驶人一般对于加速度有所控制，以便情况发生变化时可以采取挽救措施。

当驾驶人感知的风险处于"一般"级别时，约 35% 的驾驶人会选择加速，60% 的驾驶人选择车速不变。与上一情形类似，驾驶人根据经验，一般会采取匀速或加速行为向行人发出信号，从而迫使行人选择回避，而自身可以优先通过，付出最少的延误。但由于车速和风险的提高，多数驾驶人不会选择加速这一更加冒险的行为。

当驾驶人感知的风险处于"危险"级别时，约 28% 的驾驶人会选择匀速，72% 的驾驶人选择减速。

而当驾驶人感知的风险处于"很危险"级别时，所有驾驶人都选择了减速。此时行车速度一般很高，驾驶人的心理特征受车速的影响非常明显，在不知道行人策略的情况下，驾驶人此时会采取最大可能降低风险，这也就解释了为什么所有的驾驶人都选择减速。

2. 过街行人

当过街行人感知的风险不同时，其采取的策略也有所差异。这其中有理性人追求最大利益的因素，同时受过街行人根据经验猜测驾驶人可能做出决策的影响。下面将总结场地试验数据，分析过街行人在不同的感知风险下所采取的决策行为。

根据试验，当初始车速在 40km/h 以下，过街行人感知的风险处于"不危险"和"不很危险"级别时，大多数的行人会选择穿越，分析合理的原因应为，行人根据经验，虽然不知道驾驶人将采取何种策略，但可以通过穿越的方式逼迫驾驶人采取减速措施而使自身优先过街。在车速较低的状况下，若穿越不能完成，行人有充分的时间进行躲避或加速，因此该状况下，行人会优先选择穿越。

当车速为 40~50km/h，过街行人感知的风险处于"一般"级别，超过半数的行人仍会选择穿越，但选择等待并观察驾驶人行动后采取决策的行人明显增多。分析合理的原因应为，行人在与机动车博弈的过程中，处于劣势地位，行人虽可通过突然加速的方式强行穿越，逼迫驾驶人采取避让行为，但此种策略所面临的风险也大大增加；若行人采取等待观察的策略，确认驾驶人会采取抢行还是避让策略后再做决定，所承担的风险将更低。

当车速为 50~60km/h，只有少数过街行人感知的风险处于"一般"级别，多数行人均认为"危险"，且只有极个别的行人敢于冒险穿越。当车速超过 60km/h，行人感知均在"危险"级别及以上,没有行人敢于冒险穿越,全部选择等待。分析合理的原因应为,在机动车高速行驶的状态下,制动距离会显著增长,即使驾驶人及时采取了制动的措施,行人冒险过街依然会面临巨大的风险,因此行人会选择等待,以期找到合适的间隙进行穿越。

3.1.3 决策损失分析

1. 驾驶人

(1) 延误

机动车延误为旅行的实际时间与驾驶人的期望时间之差,以秒或分计。形成交通延误的原因主要有交通干扰、交通管理及控制措施等。根据发生的原因又可分为控制延误、引道延误、排队延误、行驶延误、停车延误和固定延误等,城市路段则主要发生行驶延误。速度是评价行驶延误的一个重要指标,也是计算机动车损失的一个重要参数,车速下降则延误增加,车速提高则延误降低。

发生冲突时,驾驶人尽可能选择有利于自己的策略,但损失不可避免。驾驶人要么选择降低车速增加自身延误,要么选择匀速或加速通过而带来安全风险。为简化所需考虑的因素,可将损失或收益同量纲化,则驾驶人的策略行为将以实现最少的损失为目标。

假设驾驶人因减速造成的延误损失为 u_{1d},如果驾驶人为减小冲突采取减速让行,此时驾驶人将比正常行进时消耗更多的时间,初始行驶速度越高,减速度越大,则驾驶人的延误损失越多。

如果驾驶人选择匀速或加速通行,此时驾驶人不会产生延误损失,但有可能会增加碰撞的风险。

由以上分析可以看出,驾驶人在博弈中的损失既与行车速度有关,也与驾驶人的决策行为有关。

(2) 风险

风险表现为面临的潜在损失,即博弈参与者为追求利益最大化采取决策时所带来的损失。这种损失具有不确定性,也正是由于损失的不确定性,博弈人需要根据自己的经验进行判断,从而采取最利于自己的博弈策略。

在驾驶人与过街行人的博弈中,风险表现为交通事故,亦即发生碰撞。根据现行法律法规,在机动车与行人碰撞事故中,驾驶人将成为主要责任方,蒙受巨大的经济损失。

假设驾驶人因碰撞所产生的损失为 u_{1c},则 u_{1d} 远小于 u_{1c}。在不知道过街行人会采取何种策略的情况下,驾驶人的单方面采取减速决策将可能显著降低发生碰撞的风险,即发生碰撞的概率。设碰撞的概率为 P_c,则此时驾驶人承担碰撞损失的期望为 $P_c \cdot u_{1c}$,此时 P_c 很低。如果驾驶人选择匀速或加速通行,此时发生碰撞的概率变大,P_c 显著上升。

综合上面的分析,当驾驶人选择减速时,期望收益为

$$u_1 = u_{1d} + [P_c \cdot u_{1c} + (1-P_c) \times 0] = u_{1d} + P_c \cdot u_{1c} \tag{3.1}$$

当驾驶人选择匀速或加速时,期望收益为

$$u_1 = P_c \cdot u_{1c} + (1-P_c) \times 0 = P_c \cdot u_{1c} \tag{3.2}$$

因此,驾驶人决策后的期望收益与延误、风险和碰撞概率有关。

2. 过街行人

（1）延误

行人过街延误，即行人在过街过程中所额外消耗的时间，亦即理想过街时间与实际过街时间的差值，其计算公式为

$$u_{2d} = t_R - t_0 \tag{3.3}$$

$$t_R = t_F - t_S \tag{3.4}$$

$$t_0 = l/v_0 \tag{3.5}$$

式中，u_{2d}——行人延误时间，s；

t_R——实际过街时间，s；

t_0——理想过街时间，s；

t_F——行人完成穿越时刻，s；

t_S——行人到达时刻，s；

l——穿越距离，m；

v_0——行人正常行走速度，m/s。

而城市道路路段中，造成行人过街延误的原因主要为机动车干扰。较高等级的道路条件下，机动车行驶速度快，加之我国机动车驾驶人并未形成礼让行人的良好驾驶习惯，行人过街时，常要伺机寻找合适的穿越间隙，同时要大幅度提高穿越速度。当交通量较大时，行人通常要等待很久才能有合适的机会穿越，这就大大增加了行人延误。

发生冲突时，过街行人尽可能选择有利于自己的策略，但损失不可避免。行人要么选择等待增加自身延误，要么选择穿越而带来安全风险。为简化所需考虑的因素，可将损失或收益同量纲化，则过街行人的策略行为将以实现最少的损失为目标。

假设过街行人等待了 u_{2d} 秒后与当前机动车博弈，则若行人在当前博弈中成功穿越，则其增加的延误为 0；若行人在当前博弈中并未成功穿越，则延误增加了 u'_{2d}，u'_{2d} 与机动车行驶速度有关。

由以上分析可以看出，过街行人在博弈中所考虑的延误，既与已存在的延误 u_{2d} 有关，又与当前博弈可能造成的延误 u'_{2d} 有关。

（2）风险

风险表现为面临的潜在损失，对于过街行人来说，即其为追求延误尽量小而采取决策时所可能带来的损失。这种损失具有不确定性，也正是由于损失的不确定性，过街行人需要根据自己的经验进行判断，从而采取最利于自己的博弈策略。

在过街行人与机动车的博弈过程中，风险表现为交通事故，亦即发生碰撞。根据现行法律法规，在机动车与行人碰撞事故中，驾驶人将成为主要责任方，但交通事故将对行人造成巨大的身体和心理创伤，因而行人将采取合适的策略，降低所面临的风险。

假设过街行人因碰撞所产生的损失为 u_c，则 u_{2d} 小于 u_c。在不知道驾驶人会采取何种策略的情况下，过街行人单方面采取等待决策，则将不会发生碰撞，此时风险 $u_{2c}=0$。如果过街行人选择的策略为穿越，则此时发生碰撞的概率变大，风险显著上升，P_c 值将增大。

综合上面分析，当过街行人选择等待时，其期望收益为

$$u_2 = u_{2d} = u'_{2d} \tag{3.6}$$

当过街行人选择穿越时,其期望收益为

$$u_2 = P_c \cdot u_{2c} + (1-P_c) \times 0 = P_c \cdot u_{2c} \tag{3.7}$$

因此,过街行人决策后的期望收益与延误、风险和碰撞概率有关。

3.2 碰撞风险概率模型

3.2.1 理论分析

通过前面章节的分析,可以得出驾驶人在决策时所考虑的风险和收益大小,本节将在前面分析的基础上,通过构建机动车与过街行人碰撞风险的概率模型,计算在不同车速下驾驶人不同决策所获得的期望收益。过街行人与驾驶人博弈时,若行人方或驾驶人方出现判断错误,可直接导致交通事故。

如图3.2所示,过街行人B和机动车A在机动车道上的冲突区域(阴影部分)面积为车宽乘以安全距离。

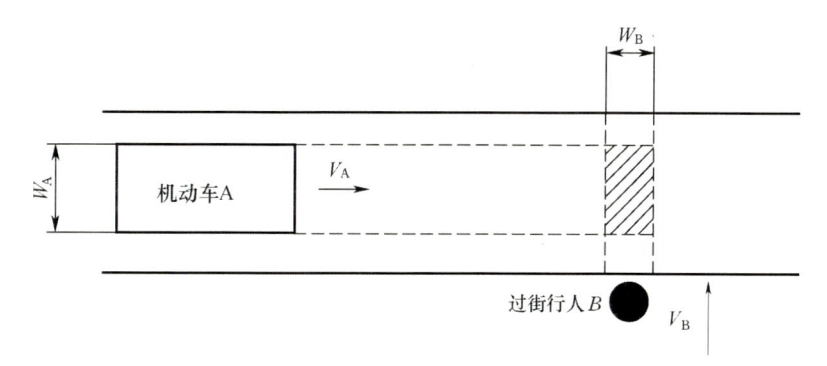

图 3.2 人车碰撞示意

在上述情境下,可将交汇定为两者运动轨迹同时占据冲突区域全部或一部分。从上述观点出发,A和B不发生交汇的条件应为A到冲突区时B已通过,或A离开冲突区时B还未到,用公式表述为

$$\frac{D_B + L_B + W_A}{V_B} < \frac{D_A}{V_A} \tag{3.8}$$

$$\frac{D_B}{V_B} > \frac{D_A + L_A + W_B}{V_A} \tag{3.9}$$

式中,D_A——机动车A距离冲突区域边缘的距离,m;

D_B——过街行人B距离冲突区域边缘的距离,m;

L_A——机动车A的长度,m;

L_B——过街行人B在行进方向上需要的安全距离,m;

W_A——机动车A宽度,m;

W_B——过街行人B垂直于行进方向上需要的安全距离,m。

3.2.2 模型构建

只要满足不等式（3.8）、式（3.9）中的1个，就不会发生事故；如果2个均不满足，则会发生事故。设发生事故的概率为 P_c，即

$$P_c = 1 - P\left[\left(\frac{D_B + L_B + W_A}{V_B} < \frac{D_A}{V_A}\right) \cup \left(\frac{D_B}{V_B} > \frac{D_A + L_A + W_B}{V_A}\right)\right] \quad (3.10)$$

式中，V_A——机动车 A 到达冲突区域的平均速度，m/s；

V_B——过街行人 B 到达冲突区域的平均速度，m/s。

记 $\frac{D_B + L_B + W_A}{V_B} < \frac{D_A}{V_A}$ 为事件 X，$\frac{D_B}{V_B} > \frac{D_A + L_A + W_B}{V_A}$ 为事件 Y，则式（3.10）可转化为

$$P_c = 1 - P(X \cup Y) \quad (3.11)$$

事件 X 和 Y 不能同时发生，其为互斥关系，因而式（3.11）可转化为

$$P_c = 1 - P(X) - P(Y) \quad (3.12)$$

$$P(X) = P\left(\frac{D_B + L_B + W_A}{V_B} < \frac{D_A}{V_A}\right) = P(V_A < m_1 V_B), \quad m_1 = \frac{D_A}{D_B + L_B + W_A} \quad (3.13)$$

又

$$P(V_A < m_1 V_B) = P\{(V_A, V_B) \in G\} = \iint_G f(V_A, V_B) \, dx \, dy \quad (3.14)$$

设 V_A 和 V_B 服从均匀分布，则有

$$f(V_A) = \begin{cases} \dfrac{1}{(V_A^{max} - V_A^{min})} & V_A^{min} \leqslant V_A \leqslant V_A^{max} \\ 0 & \text{其他} \end{cases} \quad (3.15)$$

$$f(V_B) = \begin{cases} \dfrac{1}{(V_B^{max} - V_B^{min})} & V_B^{min} \leqslant V_B \leqslant V_B^{max} \\ 0 & \text{其他} \end{cases} \quad (3.16)$$

$$\iint_G f(V_A, m_1 V_B) \, dx \, dy = S_G f(V_A) f(V_B) \quad (3.17)$$

式中，$f(V_A)$——V_A 的密度函数；

$f(V_B)$——V_B 的密度函数；

G——V_A、V_B 变化范围及 $V_A < m_1 V_B$ 围成的区域；

S_G——V_A、V_B 的定义域 G 的面积，如图 3.3 所示。

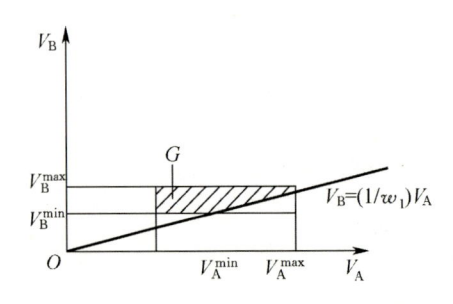

图 3.3 V_A 和 V_B 的定义域 G

V_A 的变化可从每次试验中记录的机动车 A 和起始、终止速度获得，V_B 的变化可根据录像

获得，因此 V_A 和 V_B 的范围可以确定，从而可以解出 $P(X)$。

同理可得 $P(Y)$ 的计算式：

$$P(Y) = P\Big(\frac{D_A + L_A + W_B}{V_A} < \frac{D_B}{V_B}\Big) = P(V_B < m_2 V_A),\ m_2 = \frac{D_B}{D_A + L_A + W_B} \quad (3.18)$$

$$P(Y) = S_G f(V_A) f(V_B) \quad (3.19)$$

最终由式（3.12）解出 P_c 值。

结合试验中测得的不同速度等级下驾驶人的决策行为及机动车速度变化情况，可以计算出不同决策的风险概率。

3.3 收益函数构建

3.3.1 车速等级划分

根据 3.2 节中的碰撞概率模型可以看出，当不知道行人的策略时，在不同的初始速度下，驾驶人即使采取相同的策略，其担负的风险也是不同的，因此有必要对城市路段的运行车速划分等级，进而确定不同等级车速下不同决策的风险概率，在标定决策的收益后建立驾驶人决策行为的收益函数。

由试验中驾驶人在不同车速下趋向采取的策略不同可知，随着驾驶人在面临博弈前驾车行驶速度的不同，驾驶人采取博弈策略也有较大差异。为了便于研究不同行驶速度条件下驾驶人博弈策略的变化规律，有必要对机动车行驶速度进行等级划分。

根据《城市道路工程规划设计规范（CJJ37—2012）》（以下简称《规范》）中的规定，城市道路根据其在道路网中的地位、对沿线的服务功能、承担的交通功能的不同，分为快速路、主干路、次干路、支路四个等级，并按照不同等级道路的交通需求制定了不同的设计速度，见表 3.1。

由于快速路不存在过街行人的干扰，故只分析主干路、次干路和支路设计速度的特点。由表 3.1 可见，规范已经间接标定了城市道路行车速度的等级，即低速区间为 30km/h 以下，中速区间为 30~50km/h，高速区间为 50km/h 以上。

表 3.1　　　　　　　　　　不同等级道路设计速度

道路等级	快速路		主干路			次干路			支路		
设计速度/(km/h)	100	80	60	60	50	40	50	40	30	40	30	20

设计速度是根据道路自身条件等规定的安全行车速度，其与道路上车辆实际运行速度有所区别。在缺少必要的监管设备的情况下，车辆行驶速度常常高于道路设计速度，需通过实地车速调查确定。

根据相关研究对城市道路运行车速的调查报告，可以得出城市道路路段车速分布直方图和累计频率曲线，如图 3.4 和图 3.5 所示。根据车速分布图和累计频率曲线发现，城市道路路段车辆运行速度主要集中在 35~55km/h，约占总体的 80%，车速在 35km/h 以下及 55km/h 以上的车辆数约各占总体的 10%。

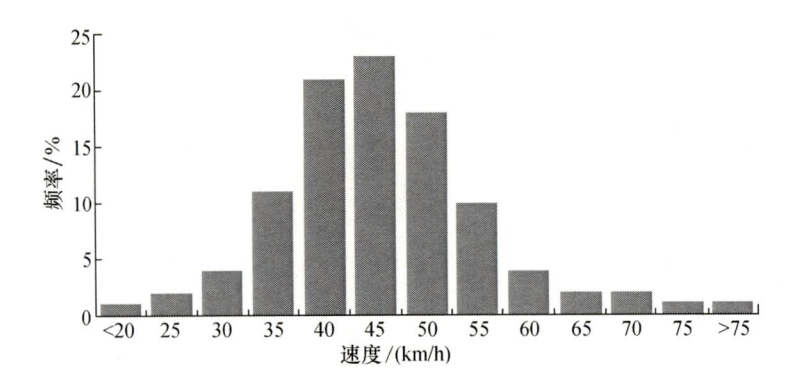

图 3.4 车速分布直方图

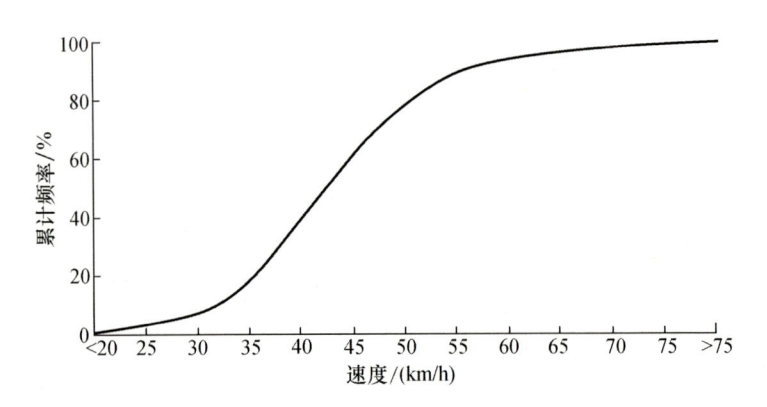

图 3.5 车速累计频率曲线

结合《规范》及上述分析，本研究规定低速为 35km/h 以下，中速为 35～55km/h，高速为 55km/h 以上，车速等级划分结果见表 3.2。

表 3.2　　车速等级划分

车速等级	车速范围/(km/h)
低速	$v \leqslant 35$
中速	$35 < v \leqslant 55$
高速	$v > 55$

3.3.2　驾驶人决策行为的收益函数

根据 3.1.3 节中的分析，当驾驶人选择减速时，期望收益为 $u_1 = u_{1d} + [P_c \cdot u_{1c} + (1-P_c) \times 0] = u_{1d} + P_c \cdot u_{1c}$；当驾驶人选择匀速或加速时，期望收益为 $u_1 = P_c \cdot u_{1c} + (1-P_c) \times 0 = P_c \cdot u_{1c}$。

由此给出驾驶人决策行为的收益函数：

$$u_1 = \begin{cases} u_{1d} + P_c \cdot u_{1c}, & \text{减速} \\ P_c \cdot u_{1c}, & \text{匀速或加速} \end{cases} \tag{3.20}$$

式中，u_1——驾驶人决策行为收益；

u_{1d}——驾驶人延误损失；

u_{1c}——驾驶人碰撞损失；

P_c——驾驶人与过街行人碰撞风险概率。

根据驾驶人决策行为的收益函数,结合不同车速下驾驶人决策的风险概率和标定的延误及风险损失大小,给出驾驶人先决策时的收益函数。

结合实测数据,计算得到不同等级车速下驾驶人采取减速、匀速、加速策略时的风险概率,见表 3.3。

表 3.3　　　　　　　　不同车速下驾驶人决策碰撞风险概率

	低速	中速	高速
减速	—	0.30~0.42	0.53~0.68
匀速	0.20~0.30	0.37~0.49	0.65~0.72
加速	0.28~0.38	0.45~0.55	—

驾驶人在博弈中的损失分为延误和风险两部分,在博弈研究中需要进行同量纲化。从前面的分析可以知道,机动车行驶速度越高,驾驶人采取减速策略所带来的延误 u_{1d} 越大,这种变化近似线性,由此设定延误与车速等级的关系,见表 3.4。

表 3.4　　　　　　　　　驾驶人延误损失设定

车速等级	低速	中速	高速
延误 u_{1d}	−1	−2	−3

车速越高,碰撞后带来的损失越大,相关研究中小型车车速与过街行人死亡概率的关系如图 3.6 所示。

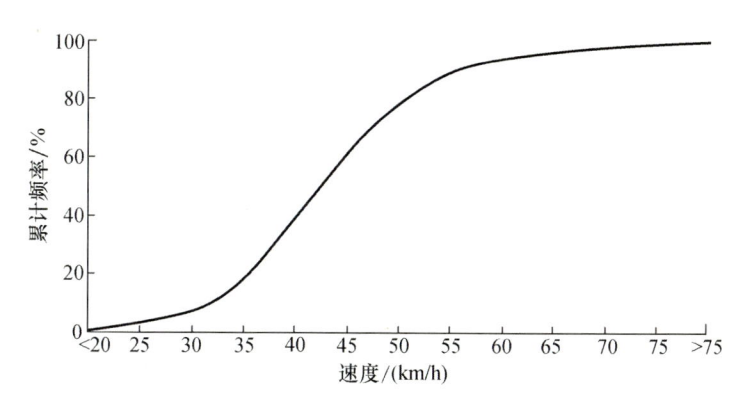

图 3.6　小车速度与行人死亡概率关系

图 3.6 表征了不同车速下,一旦发生碰撞所造成损失的严重程度,即 u_{1c}。同时,由于碰撞的损失明显大于延误的损失,$|u_{1c}|$ 应大于 $|u_{1d}|$。综合以上分析,设定机动车风险损失如表 3.5 所示。

表 3.5　　　　　　　　　驾驶人风险损失设定

车速等级	低速	中速	高速
风险 u_{1c}	−2	−6	−10

根据驾驶人决策行为的收益函数,在给出不同车速下驾驶人的延误和风险损失及碰撞风险

概率后，可以计算不同车速下驾驶人决策行为的收益值，见表 3.6。

表 3.6　　　　　　　　　　　驾驶人决策行为收益值

	低速	中速	高速
减速	−1	−3.4	−6.0
匀速	−0.5	−2.6	−5.5
加速	−0.7	−3.0	−10.0

该收益函数是过街行人未采取决策时，驾驶人采取行动的收益函数。从表中可以看出，当初始行车速度较低时，驾驶人采取匀速和加速为较优策略，而加速则有可能增加损失，其原因主要是此时行车速度较低，驾驶人对风险损失不敏感，故更期望通过加速而优先通过，从而避免延误损失。

当初始行车速度处于中等时，驾驶人采取加速、减速、匀速策略收益相差不大，但以匀速较优。究其原因，在该级别行车速度条件下，驾驶人需要同时权衡风险与延误，因此其决策将受更多因素影响。驾驶人先采取匀速策略，再根据行人的决策调整策略，能更有效地保证自己的收益。

当初始行车速度较高时，驾驶人采取减速对降低风险作用不强烈，反而会带来较大的延误损失，因此在高速阶段，驾驶人对于自身的最优策略应该是保持匀速通过。

3.3.3　等待时长划分

行人能够容忍的等待时间的长短将直接影响行人过街时的决策行为。国内外已有不少学者做过此类研究：欧洲地区及北美地区过街行人的可容忍等待时间不超过 40s；日本的过街行人在等待 21～28s 后开始出现不耐烦感，其可容忍的等待时间为 40～50s；在我国，排除容易忽视交通规则的人群后，大多数过街行人可容忍等待时间达到 50s。

行人的不耐烦心理将随着过街行人等待时间的增加，受焦躁情绪的影响，其对自身延误的评估也将逐渐增大。当行人评估的等待延误足以和过街所产生的风险相平衡时，为阻止等待造成的延误继续增加，行人将倾向于选择，穿越以期通过相对固定的过街风险抵消更多的等待延误。

因过街行人在不同的等待时长下，其心理特征发生明显变化，因而有必要将行人的等待时长分为不同的阶段研究，借鉴前人的研究成果，现将其分为 3 个阶段，如图 3.7 所示。对机动车而言，与其博弈的过街行人之前所等待的时间恰好服从一定的分布规律。

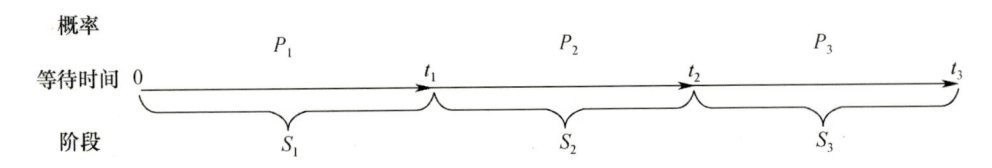

图 3.7　过街行人处于不同等待阶段的时间和概率

图 3.7 中，S_k 表示过街行人所处的等待阶段，t_k 表示行人处于第 S_k 阶段的分界时刻，P_k 表示过街行人处于第 k 阶段的概率。

如图 3.8 所示，当处于 S_1 阶段时，$t \in (0, t_1)$，此时行人刚刚到达过街位置，其情绪比较稳定，在此阶段只有少量行人直接穿越道路而不注意交通状况，这类行人的比例与当地居民生活

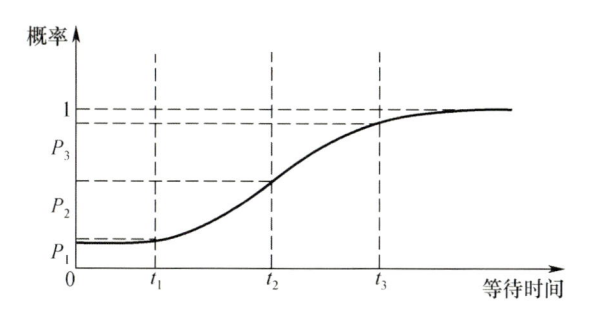

图 3.8 过街行人冒险行为变化趋势

习性、行人过街处的地理位置等有关,此时的概率 $P=P_1$。

当处于 S_2 阶段时,$t\in(t_1,t_2)$,此时行人已经等待一段时间,其情绪开始出现波动,随着等待的时间的继续增长,行人的焦急和厌烦情绪逐渐显现,其冒险意识开始增加,强行穿越车道的概率开始增大,$\dfrac{\partial P}{\partial t}>0$,$\dfrac{\partial P^2}{\partial^2 t}>0$,此时的概率 $P=P_2$。

当处于 S_3 阶段时,$t\in(t_2,t_3)$,此时行人等待时间已经较长,延误开始接近可容忍的极限,过街行人对时间的敏感程度进一步增大,过街行人的情绪变得很不稳定。此时行人更倾向于冒险,并已经为强行过街做好准备,强行穿越过街的行人比例进一步增高,$\dfrac{\partial P}{\partial t}>0$,$\dfrac{\partial P^2}{\partial^2 t}<0$,此时的概率 $P=P_3$。

当 $t>t_3$ 时,等待时间趋于无限长,已经远超过行人的承受范围,行人几乎百分之百会强行穿越,而行人不会到达这一阶段,故在分析中予以省略。

3.3.4 过街行人决策的收益函数

3.1.3 节中已经指出,当过街行人选择等待时,期望收益为 $u_2=u_{2d}$,其中 $u_{2d}=u'_{2d}$;当过街行人选择穿越时,期望收益为 $u_2=P_c \cdot u_{2c}+(1-P_c)\times 0=P_c \cdot u_{2c}$。

由此给出过街行人决策行为的收益函数:

$$u_2=\begin{cases} u_{2d}, & 等待 \\ P_c \cdot u_{2c}, & 穿越 \end{cases} \quad (3.21)$$

式中,u_2——过街行人决策行为收益;

u_{2d}——过街行人延误损失;

u_{2c}——过街行人碰撞损失;

P_c——过街行人与机动车碰撞风险概率。

而根据 3.2 节中的分析,可以得到碰撞风险概率 P_c 值:

$$P_c=1-P(X)-P(Y) \quad (3.22)$$

$$P(X)=P\left(\dfrac{D_B+L_B+W_A}{V_B}<\dfrac{D_A}{V_A}\right)=P(V_A<m_1 V_B),\ m_1=\dfrac{D_A}{D_B+L_B+W_A} \quad (3.23)$$

$$P(Y)=P\left(\dfrac{D_A+L_A+W_B}{V_A}<\dfrac{D_B}{V_B}\right)=P(V_B<m_2 V_A),\ m_2=\dfrac{D_B}{D_A+L_A+W_B} \quad (3.24)$$

式中,D_A——机动车 A 距离冲突区域边缘的距离,m;

D_B——过街行人 B 距离冲突区域边缘的距离,m;

L_A——机动车 A 的长度，m；

L_B——过街行人 B 在行进方向上需要的安全距离，m；

W_A——机动车 A 宽度，m；

W_B——过街行人 B 垂直于行进方向上需要的安全距离，m。

结合实测数据，计算得到过街行人在不同初始车速下采取穿越行为的风险概率，见表 3.7。

表 3.7　　　　　　　　不同车速下过街行人决策碰撞风险概率

	低速	中速	高速
等待	0	0	0
穿越	(0.08～0.14)	(0.41～0.52)	(0.65～0.68)

过街行人在博弈中的损失同样分为延误和风险两部分，在博弈研究中需要对其进行同量纲化。从前面的分析可以知道，过街行人的等待时间越长，所处的等待阶段越靠后，其对延误的越敏感，u_{2d} 显著增大；车速越高，碰撞后带来的损失越大，而行人的等待时间又直接与交通流运行状态和机动车进入博弈区域的初始车速有关。根据经验，行人等待的时间越长，表明到达的机动车平均初始速度越高，因此可以认为如果行人在 S_1 阶段选择穿越，则表明此时到达的机动车平均初始速度较低，行人无需承担很大的风险，故行人不会继续等待。同理，如果行人在 S_3 选择穿越，则表明此时到达的机动车平均初始速度较高，行人无法承受增加的延误而选择强行穿越。由此设定延误与过街行人所处等待阶段的关系，见表 3.8。同时，结合等待时长划分，给出过街行人在不同阶段的风险损失，见表 3.9。

表 3.8　　　　　　　　过街行人延误损失设定

车速等级	低速	中速	高速
延误 u_{2d}	−1	−3	−5

表 3.9　　　　　　　　过街行人风险损失设定

车速等级	低速	中速	高速
风险 u_{2c}	−2	−6	−8

结合不同车速下过街行人决策的风险概率和标定的延误及风险损失，给出过街行人先决策时的收益值，见表 3.10。该收益函数是驾驶人未采取决策时过街行人采取行动的收益函数。

表 3.10　　　　　　　　过街行人决策行为收益值

	低速	中速	高速
等待	−1	−3	−5
穿越	−0.2	−2.8	−5.3

从表 3.10 可以看出：

1) 当来车的行车速度较低时，过街行人采取穿越策略较优，其原因主要是此时行车速度较低，发生碰撞的风险较低，故行人期望优先通过，从而避免延误损失。

2) 当来车行车速度处于中速时，过街行人采取等待或穿越策略收益相差不大，但以穿越较优。究其原因，在该级别行车速度条件下，过街行人仍有机会通过先采取决策逼迫驾驶人让行，从而避免自身延误的增加。

3) 当来车行车速度较高时，尽管此时过街行人对延误十分敏感，已经厌烦等待，但由于风险过高，行人仍旧不会选择穿越，这恰好与高等级的城市道路上机动车平均车速较高的情况下行人难以过街的现象吻合。

第 4 章

驾驶人与过街行人决策行为博弈模型

第 4 章 驾驶人与过街行人决策行为博弈模型

本章将驾驶人与过街行人博弈过程分为驾驶人先决策和行人先决策两种，拟构建驾驶人与过街行人决策集，并在前述研究基础上，分别给出两种博弈的收益矩阵，进而得到驾驶人与过街行人非合作动态博弈模型，求出其均衡解，在对模型均衡解进行分析的基础上，应用碰撞概率模型和驾驶人与过街行人博弈模型对路段人行过街信号和车辆限速措施设置提出建议。

4.1 驾驶人与过街行人决策集

受距离和行驶车速等的影响，驾驶人和过街行人不会无限地博弈下去。其博弈过程是一方经过对风险和延误的评估先采取行动，另一方根据前者的策略，采取使得自身收益最大的策略。因此，驾驶人和过街行人的博弈一般只有两步。

在博弈过程中，驾驶人可以采用的策略有 {加速, 匀速, 减速}，本章将分别以 {A, U, D} 表示；过街行人可以采用的策略有 {等待, 穿越}，本章将分别以 {W, C} 表示。

由于在博弈过程中，参与双方存在博弈行动的先后顺序，故在分析时应分为驾驶人先决策和过街行人先决策两类。以下将运用博弈树的概念对两种不同情况双方的决策集分别进行分析。

4.1.1 驾驶人先决策

博弈开始时，分别以 P_1、P_2、P_3 的概率选择驾驶人类型（即驾驶人所驾驶的机动车处于何种初始车速等级），然后驾驶人进行决策，他有 A、U 或 D 策略可供选择；接着过街行人决策，他有 W 或 C 可供选择。

在第 1 阶段，驾驶人的策略集为 {$AAA, AAU, AAD, AUA, AUU, AUD, ADA, ADU, ADD, UAA, UAU, UAD, UUA, UUU, UUD, UDA, UDU, UDD, DAA, DAU, DAD, DUA, DUU, DUD, DDA, DDU, DDD$}，按照顺序排列的 3 个字母分别表示驾驶人在信息节点 1.1、1.2 和 1.3 采取的策略。如 UDU 表示驾驶人在初始车速为低速时采取匀速的策略，在初始车速为中速时采取减速的策略，在初始车速为高速时采取匀速的策略。

在第 2 阶段，过街行人的策略集为 {$WWW, WWC, WCW, WCC, CWW, CWC, CCW, CCC$}，按照顺序排列的 3 个字母分别表示过街行人在信息节点 2.1、2.2 和 2.3 采取的策略。如 WWC 表示当行人观察到驾驶人采取加速策略时行人采取等待策略，当行人观察到驾驶人采取匀速策略时行人采取等待策略，当行人观察到驾驶人采取减速策略时行人采取穿越策略。

最后，双方得到效用支付 $u_1(P_k; (s_1, s_2))$，$u_2(P_k; (s_1, s_2))$，具体如图 4.1 所示。

4.1.2 过街行人先决策

博弈开始时，过街行人先进行决策，他有 W 或 C 策略可供选择；接着驾驶人决策，他有 A、U 或 D 策略可供选择。

在第 1 阶段，过街行人的策略集为 {WC}，按顺序排列的 2 个字母分别表示过街行人在信息节点 2.1 采取的策略。

在第 2 阶段，驾驶人的策略集为 {$AAA, AAU, AAD, AUA, AUU, AUD, ADA, ADU, ADD, UAA, UAU, UAD, UUA, UUU, UUD, UDA, UDU, UDD, DAA, DAU, DAD, DUA, DUU, DUD, DDA, DDU, DDD$}，按顺序排列的 3 个字母分别表示驾驶人在信息节点 1.1~1.6 采取的策略。

最后，双方得到效用支付 u_1（P_k；(s_2，s_1)），u_2（P_k；(s_2，s_1)），具体如图 4.2 所示。

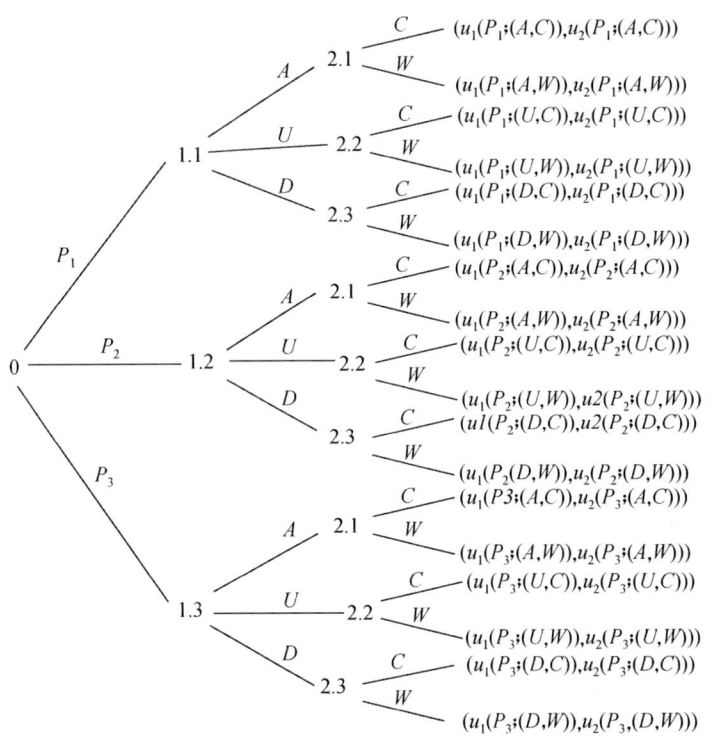

图 4.1 驾驶人先决策的博弈展开式

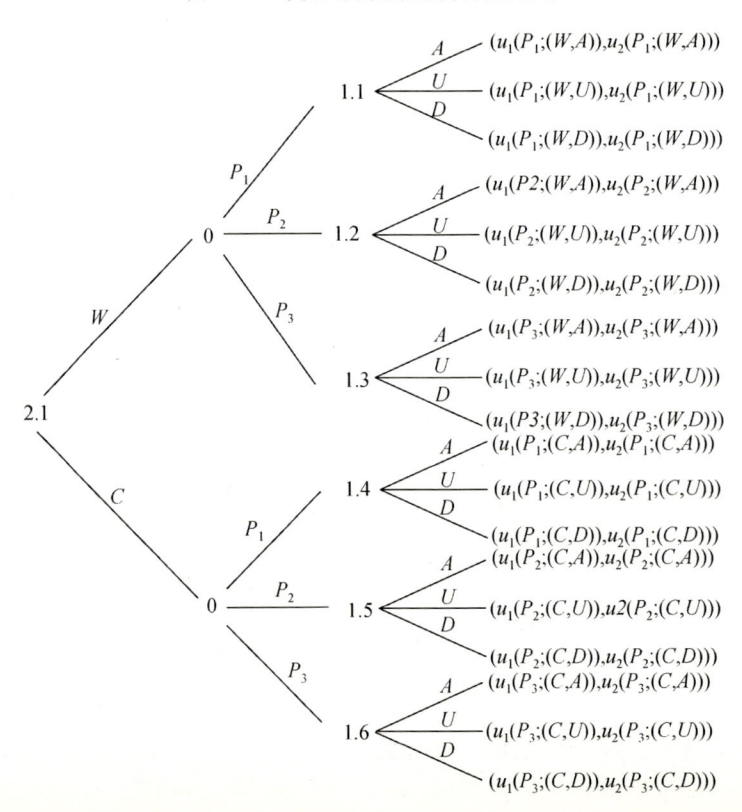

4.2 驾驶人与过街行人收益矩阵

前面章节的分析给出了驾驶人与过街行人博弈过程中先决策一方的收益函数,为完成驾驶人与过街行人收益矩阵的构建,需进一步给出在一方先行动后另一方采取行动的收益,进而形成收益矩阵。

4.2.1 驾驶人先决策

在此情形下,如果驾驶人采取的是匀速或者加速的策略,行人在下一阶段选择穿越,无疑会增加碰撞的概率。此时,过街行人的承担的风险将进一步增大。

重新计算碰撞风险后,给出博弈双方收益,见表4.1。

表 4.1　　　　博弈中参与双方不同策略下的收益(驾驶人先决策)

收益函数	驾驶人收益	过街行人收益
$(u_1(P_1;(A,C)), u_2(P_1;(A,C)))$	-0.7	-1.4
$(u_1(P_1;(A,W)), u_2(P_1;(A,W)))$	-0.7	-1.0
$(u_1(P_1;(U,C)), u_2(P_1;(U,C)))$	-0.5	-1.2
$(u_1(P_1;(U,W)), u_2(P_1;(U,W)))$	-0.5	-1.0
$(u_1(P_1;(D,C)), u_2(P_1;(D,C)))$	-1.0	0.0
$(u_1(P_1;(D,W)), u_2(P_1;(D,W)))$	-1.0	-1.0
$(u_1(P_2;(A,C)), u_2(P_2;(A,C)))$	-3.0	-3.6
$(u_1(P_2;(A,W)), u_2(P_2;(A,W)))$	-3.0	-3.0
$(u_1(P_2;(U,C)), u_2(P_2;(U,C)))$	-2.6	-3.3
$(u_1(P_2;(U,W)), u_2(P_2;(U,W)))$	-2.6	-3.0
$(u_1(P_2;(D,C)), u_2(P_2;(D,C)))$	-3.4	-2.0
$(u_1(P_2;(D,W)), u_2(P_2;(D,W)))$	-3.4	-3.0
$(u_1(P_3;(A,C)), u_2(P_3;(A,C)))$	-10.0	-8.0
$(u_1(P_3;(A,W)), u_2(P_3;(A,W)))$	-10.0	-5.0
$(u_1(P_3;(U,C)), u_2(P_3;(U,C)))$	-5.5	-6.0
$(u_1(P_3;(U,W)), u_2(P_3;(U,W)))$	-5.5	-5.0
$(u_1(P_3;(D,C)), u_2(P_3;(D,C)))$	-6.0	-5.5
$(u_1(P_3;(D,W)), u_2(P_3;(D,W)))$	-6.0	-5.0

4.2.2 过街行人先决策

在此情形下,如果过街行人采取的是穿越的策略,驾驶人在下一阶段选择加速,无疑会增加碰撞的概率。此时,驾驶人的承担的风险将进一步增大。

重新计算碰撞风险后,给出博弈双方收益,见表4.2。

表 4.2　　博弈中参与双方不同策略下的收益（过街行人先决策）

收益函数	过街行人收益	驾驶人收益
$(u_1(P_1;(W,A)), u_2(P_1;(W,A)))$	-1.0	0.0
$(u_1(P_1;(W,U)), u_2(P_1;(W,U)))$	-1.0	0.0
$(u_1(P_1;(W,D)), u_2(P_1;(W,D)))$	-1.0	-1.0
$(u_1(P_2;(W,A)), u_2(P_2;(W,A)))$	-3.0	0.0
$(u_1(P_2;(W,U)), u_2(P_2;(W,U)))$	-3.0	0.0
$(u_1(P_2;(W,D)), u_2(P_2;(W,D)))$	-3.0	-2.0
$(u_1(P_3;(W,A)), u_2(P_3;(W,A)))$	-5.0	0.0
$(u_1(P_3;(W,U)), u_2(P_3;(W,U)))$	-5.0	0.0
$(u_1(P_3;(W,D)), u_2(P_3;(W,D)))$	-5.0	-3.0
$(u_1(P_1;(C,A)), u_2(P_1;(C,A)))$	-0.2	-1.6
$(u_1(P_1;(C,U)), u_2(P_1;(C,U)))$	-0.2	-1.2
$(u_1(P_1;(C,D)), u_2(P_1;(C,D)))$	-0.2	-1.0
$(u_1(P_2;(C,A)), u_2(P_2;(C,A)))$	-2.8	-5.0
$(u_1(P_2;(C,U)), u_2(P_2;(C,U)))$	-2.8	-3.4
$(u_1(P_2;(C,D)), u_2(P_2;(C,D)))$	-2.8	-2.5
$(u_1(P_3;(C,A)), u_2(P_3;(C,A)))$	-5.3	-10.0
$(u_1(P_3;(C,U)), u_2(P_3;(C,U)))$	-5.3	-8.0
$(u_1(P_3;(C,D)), u_2(P_3;(C,D)))$	-5.3	-4.5

4.3　驾驶人与过街行人博弈模型构建

结合 4.1 节和 4.2 节中分别给出的驾驶人与过街行人决策集及收益矩阵，本节将给出驾驶人与过街行人的非合作动态博弈模型。

分析过程依然以驾驶人和过街行人分别作为先决策一方，在代入决策集与收益矩阵后求得博弈均衡时两个参与者的期望收益（EX_1，EX_2）。

4.3.1　驾驶人先决策

将驾驶人先决策时，博弈中参与双方不同策略下的收益代入其对应的决策集，可得到展开型博弈的具体形式，如图 4.3 所示。

对博弈参与者的策略集的解释：当看到参与者 1 选择加速、匀速或减速时，参与者 2 无法明确判断对方到底处于哪一个速度等级，而他要依此做出决策。同时，对于参与者 1 而言，在信息状态 1.1、1.2、1.3 或任意一个信息状态下，其采取匀速策略（U）都是最优的，即无论参与者 2 如何行动，对于参与人 1 来说，匀速是最好的选择；对参与者 2 而言，除去在 2.3 信息状态下，其选择穿越（C）可能会带来更大的收益，在其他状态下，选择等待（W）都是其最好的选择。考虑到参与者 1 先行动时，他会优先选择匀速（U）策略，而在此情形下，参与者 2 的最优策略是等待（W），因此认为，该模型的最优解为：任意状态下的机动车驾驶人，其最优策略为

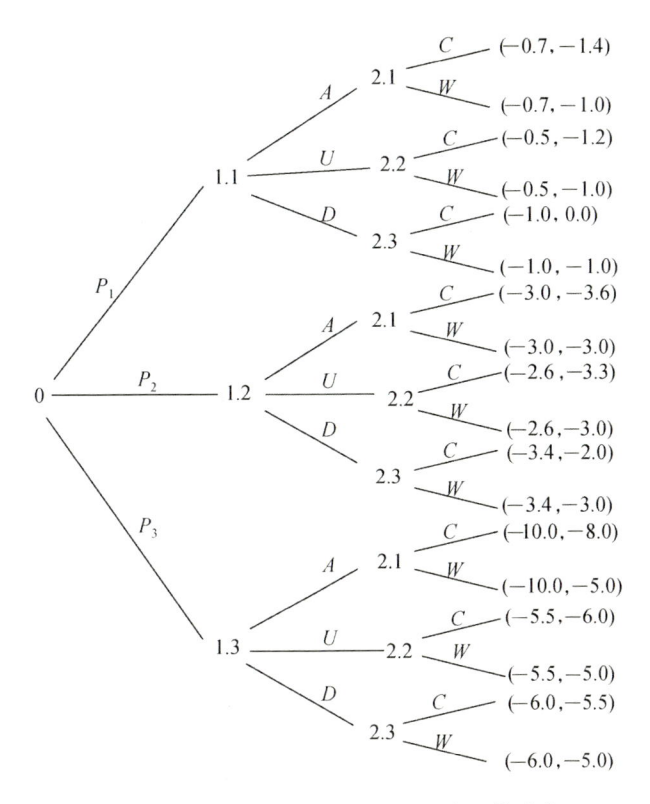

图 4.3 驾驶人先决策的博弈展开式具体形式

匀速（U），与此对应的过街行人的最优策略为等待（W）。

以上得到了此种状况下博弈的均衡解，为预测该博弈模型实际结果的收益值，需要知道道路上运行车辆所处不同速度级别的概率，即 P_1、P_2 和 P_3 的值，而这一结果可由 3.5.1 节中的车速累计频率曲线得到。

根据车速累计频率曲线得 $P_1=0.2$，$P_2=0.6$，$P_3=0.2$。进而可以计算在该均衡中参与双方的期望收益（EX_1，EX_2）。

$$EX_1 = P_1 \cdot u_1(P_1;(U,W)) + P_2 \cdot u_1(P_2;(U,W)) + P_3 \cdot u_1(P_3;(U,W))$$
$$= 0.2\times(-0.5)+0.6\times(-2.6)+0.2\times(-5.5)=-2.76$$
$$EX_2 = P_1 \cdot u_2(P_1;(U,W)) + P_2 \cdot u_2(P_2;(U,W)) + P_3 \cdot u_2(P_3;(U,W))$$
$$= 0.2\times(-1.0)+0.6\times(-3.0)+0.2\times(-5.0)=-3.0$$

4.3.2 过街行人先决策

上面分析了机动车驾驶人先决策的过程，而在实际情况中，过街行人往往先行动，通过提前于驾驶人决策的方式，形成新的博弈局势，从而提升自己的收益，如图 4.4 所示。

图 4.4 的博弈过程意义如下：博弈过程开始时，参与者 2 率先采取决策并行动，他可以选择等待（W）或穿越（C），然后以一定的概率 P_1 遭遇处于不同速度等级的参与者 1，在此之后，参与者 1 根据所观察到的信息进行决策。此时，参与者 1 可选择加速（A）、匀速（U）或者减速（D）。

显然，当参与人 2 选择等待（W）策略时，参与人 1 选择加速（A）或匀速（U）为最优策

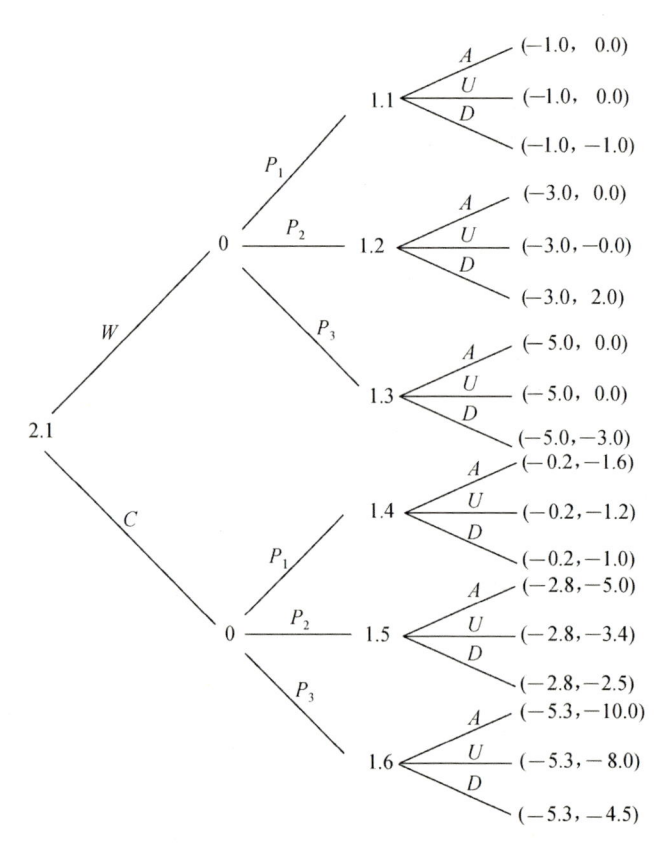

图 4.4　过街行人先决策的博弈展开式具体形式

略；而当参与人 2 选择穿越（C）策略时，参与人 1 选择减速（D）为最优策略。

此时可以计算参与者在选用不同策略时的期望收益：

$$\begin{cases} u_1(W,A) = u_1(W,U) = 0 \\ u_2(W,A) = u_2(W,U) = -P_1 - 3P_2 - 5P_3 \\ u_1(C,D) = -P_1 - 2.5P_2 - 4.5P_3 \\ u_2(C,D) = -0.2P_1 - 2.8P_2 - 5.3P_3 \end{cases} \quad (4.1)$$

由于在该模型中，参与者 2 亦即过街行人先决策，需对他可采取的策略等待（W）和穿越（C）的期望收益进行分析：

1) 根据式（4.1），当 $-P_1-3P_2-5P_3 > -0.2P_1-2.8P_2-5.3P_3$ 时，表明此时过街行人选择等待策略的期望收益要大于穿越的收益，因此他将选择 W，而此时驾驶人将选择策略 U，故在这一情形下，博弈均衡解为（W,U）。对该博弈均衡解的解释为：在博弈中，过街行人先决策时，如果机动车流到达率较高，且处于高速状况下行驶的机动车所占比重较大，亦即满足上面不等式时，驾驶人和过街行人可以达到一种均衡，此时行人不愿意冒险穿越，驾驶人也不会减速而使自己增加延误，从而选择匀速策略，使自己始终处于优势地位。

2) 根据式（4.1），当 $-P_1-3P_2-5P_3 < -0.2P_1-2.8P_2-5.3P_3$ 时，表明此时过街行人选择等待策略的期望收益要小于穿越的收益。因此，他将选择 C，而此时驾驶人将选择策略 D，故在这一情形下，博弈均衡解为（C,D）。对该博弈均衡解的解释为：当博弈中，过街行人先决策时，如果机动车到达率较低，且处于高速状况下行驶的机动车所占比重较小，亦即满足上面

不等式时，驾驶人和过街行人同样可以达到一种均衡，此时行人情形于冒险穿越，逼迫驾驶人采取减速让行的策略，从而选择匀速策略，使自己始终处于优势地位。而驾驶人为避免发生碰撞危险，不得不采取减速策略，从而导致自身承担延误。

3) 当 $-P_1-3P_2-5P_3=-0.2P_1-2.8P_2-5.3P_3$ 时，此时行人采取等待 W 和穿越 C 策略所得收益没有区别，故行人将根据自身特点以一定的概率 Q 选择等待，以概率 $1-Q$ 选择穿越，驾驶人则根据行人的行为调整自身的策略，分别为 U 和 D。此时，(W,U) 和 (C,D) 均为均衡。

4.4 博弈模型均衡解分析与应用

4.4.1 博弈模型均衡解分析

在前面的几个小节里面分析了城市道路路段人行横道处驾驶人与过街行人的博弈的情况，其中又将二者的博弈模型分为驾驶人先决策和过街行人先决策两类，下面对两种模型的结果进行更深入的分析。

1. 驾驶人先决策

在驾驶人先决策的博弈均衡中，驾驶人处于绝对优势地位，当驾驶人采取匀速 U 的策略后，过街行人处于完全劣势的地位，被迫必须选择等待的策略，因此时唯有等待可以将其损失最小化，但行人会因此获得较大延误。这一情景的发生与驾驶人是否知道行人处于何种状态无关，而只与双方的决策顺序有关。

由此可以解释，在城市路段中，尤其是车辆到达率较大、车辆平均运行速度较快的路段，行人为穿越过街往往需要等待很长时间。这是因为，在此种交通流状态下，由于车辆前后跟驰，一旦行人避让前一车辆，后面的车辆就会选择与前车保持同速通过，使得行人无法找到合适的穿越间隙，从而无论行人处于何种等待阶段，都无法形成对他有利的态势，这也就造成了行人过街的严重不便。

在前面章节中已经计算得出，在驾驶人先决策的情形下，当车辆到达情况满足 $P_1=0.2$，$P_2=0.6$，$P_3=0.2$ 时，双方达到博弈均衡的期望收益 $(EX_1,EX_2)=(-2.76,-3.0)$。

显然，该结果并不能完全解释实际发生的现象，因为过街行人不可能一直选择等待，这将导致过街行人在人行横道处大量聚集，无论其个体延误和群体延误，都会无限放大，直至远超过其所能承受的范围，从而导致均衡失效。因而，有必要对行人先决策的博弈情形进行深入分析。

2. 过街行人先决策

由于过街行人能够大概判断机动车所处速度等级的比例情况，故其可在过街行人先决策的博弈中，根据自身的决策形成期望收益。根据式（4.1）可以看出，当机动车流量较大时，机动车处于中速和高速的比例会偏高，亦即 P_1 减小，而 P_2、P_3 增大，则此时过街行人穿越的风险将会增加，其最优的策略将会是等待。当机动车流量较小时，机动车处于低速的比例会偏高，亦即 P_1 增大，而 P_2、P_3 减小，此时过街行人穿越的风险要小于等待产生的延误，此时其最优策略为穿越。

依据 $P_1=0.2$，$P_2=0.6$，$P_3=0.2$ 和式（4.1），计算在过街行人先决策博弈模型中参与双

方期望收益。当行人选择 W 策略时，驾驶人选择 U 策略，此时双方期望收益为

$$EX'_1 = P_1 \cdot u_1(P_1;(W,U)) + P_2 \cdot u_1(P_2;(W,U)) + P_3 \cdot u_1(P_3;(W,U)) = 0$$

$$EX'_2 = P_1 \cdot u_2(P_1;(W,U)) + P_2 \cdot u_2(P_2;(W,U)) + P_3 \cdot u_2(P_3;(W,U))$$
$$= 0.2 \times (-1.0) + 0.6 \times (-3.0) + 0.2 \times (-5.0) = -3.0$$

此时，$(EX'_1 - EX_1 = 2.76) > (EX'_2 - EX_2 = 0)$。

显然，在过街行人先做决策的博弈中，如果行人选择等待而形成 (W,U) 均衡，则此时行人的期望收益较驾驶人先做决策中的 (U,W) 均衡的期望收益提高，而此时驾驶人的期望收益提高很大。其中的原因显而易见，在驾驶人先做决策的博弈中，驾驶人选择 U 策略会承担一定的风险，因驾驶人不知道行人属于何种类型，一旦行人冒险穿越，则可能会引起碰撞；在过街行人先做决策的博弈中，如果行人先选择了 W 策略，则此时驾驶人通过观察，知道了行人所处的类型，这时他选择 U 策略几乎没有风险，同时也不会发生延误，但是两种情况下，行人同样发生延误，故行人的期望收益没有变化。

当行人选择 C 策略时，驾驶人将选择 D 策略，此时双方期望收益为

$$EX''_1 = P_1 \cdot u_1(P_1;(C,D)) + P_2 \cdot u_1(P_2;(C,D)) + P_3 \cdot u_1(P_3;(C,D))$$
$$= 0.2 \times (-1) + 0.6 \times (-2.5) + 0.2 \times (-4.5) = -2.6$$

$$EX''_2 = P_1 \cdot u_2(P_1;(C,D)) + P_2 \cdot u_2(P_2;(C,D)) + P_3 \cdot u_2(P_3;(C,D))$$
$$= 0.2 \times (-0.2) + 0.6 \times (-2.8) + 0.2 \times (-5.3) = -2.78$$

此时，$(EX''_1 - EX'_1 = -2.6) > (EX''_2 - EX'_2 = 0.22)$。

显然，在过街行人先做决策的博弈中，如果行人选择穿越而形成 (C,D) 均衡，则此时行人的期望收益较其采取等待策略时形成的 (W,U) 均衡的期望收益提高。造成这种现象的原因可解释为：在过街行人先做决策的博弈中，过街行人选择 C 策略会承担一定的风险，但同时可以逼迫驾驶人采取减速避让的策略，从而使自己成功穿越，减小延误。由于驾驶人是后动方，当他通过观察，看到行人采取强行穿越措施后，他必须刹车减速以降低发生和行人碰撞的风险。由于采取了 D 策略，驾驶人将因规避风险而承担延误，但对于驾驶人来说，延误所造成的损失仍小于可能发生的风险。

通过上面的分析，似乎可以得到这样一个命题：只要行人先采取决策，就能掌握主动权，通过采取 C 策略，就能迫使驾驶人避让，保证自己顺利过街。这个命题显然不成立，至少不完全成立。假若所有的行人均采取穿越策略，则驾驶人就都不得不采取减速让行的策略，道路就会产生严重拥堵，而事实并非如此。

根据前面小节的分析，只有当 $-P_1 - 3P_2 - 5P_3 < -0.2P_1 - 2.8P_2 - 5.3P_3$ 时，过街行人先决策的博弈均衡才为 (C,D)。根据不等式两边各项系数可以看出，当 P_1 和 P_2 占据主导地位时，不等式才能成立，亦即只有满足上述条件，行人才会选择穿越；反之，行人会选择等待，直至上述条件的出现。

一旦有行人开始穿越，就会导致车道上的车辆运行速度开始下降，此时 P_1 和 P_2 开始增大，形成这种局面后，后续的行人就会跟随第一个行人开始穿越。这也就解释了聚众过街效应，同时验证了前面的假设，即聚众过街实际上与第一个过街的行人有关。当所有的行人穿越完成后，车流逐渐恢复正常运行状态，此时 P_2 和 P_3 逐渐占据主动地位，再次到达的行人需重新等待合适的机会，直到下一次出现 $-P'_1 - 3P'_2 - 5P'_3 < -0.2P'_1 - 2.8P'_2 - 5.3P'_3$，博弈均衡 (C,D) 才会重现。

4.4.2 博弈模型应用

城市道路路段过街人行横道往往是人车冲突较为严重的地点。人行横道设置不合理或者安全保障措施不足，极易造成安全隐患。安全设施不足的人行横道，往往会导致两种结果，一种是行人缺乏安全感，致使行人迟迟不能穿越道路；另一种是行人在不得已的情况下强行穿越，诱发交通事故。这两种情形都是人们不愿意见到的。因此，本研究尝试结合前述的碰撞概率模型和驾驶人与过街行人博弈模型，从路段人行过街信号和车辆限速措施两方面提出设置建议。

1. 路段人行过街信号设置建议

我国颁布实施的《中华人民共和国道路交通安全法》中明确指出，当机动车行经人行道时，应当减速行驶；当遇到行人正在通过人行横道过街时，应停车让行。但在现实生活中，受我国驾驶人自身素质和驾驶习惯等的影响，多数的驾驶人并未遵守法规规定，在人行横道处礼让行人的比例所占甚少。

为了能够保障行人过街安全，国内许多城市通过在人行过街横道上设置信号灯的方式实现人车分离，保证行人安全。但事实上，现有的路段人行过街信号设置不尽合理，究其原因，主要是现行的规范并没有明确指出在何种条件下应设置人行过街信号，有些城市路段机动车平均车速不高，行人可自行寻找穿越间隙，在这样的路段设置人行过街信号，会造成资源的浪费；一些交叉口间距较远的城市路段，车辆区间运行车速较高，此时不设置人行过街信号，行人不敢过街，这种情形将大大增加行人延误，对行人出行造成极大不便。因此，为合理设置人行过街信号，保证物尽其用，有必要对人行过街信号的设置条件提出要求。

下面将结合前述博弈模型的分析，从保障行人安全的角度，提出人行过街信号的设置条件。根据4.3节中过街行人先决策情况下，其对采取策略 W 和 C 的判断，只有当两种策略的收益满足不等式 $-P_1-3P_2-5P_3 < -0.2P_1-2.8P_2-5.3P_3$ 时，行人才有可能穿越，且当处于不等式临界点附近时，行人过街仍要冒较大风险。这里引入安全系数 K，K 大于1，上述不等式转换为

$$-P_1-3P_2-5P_3 < K \cdot (-0.2P_1-2.8P_2-5.3P_3) \tag{4.2}$$

新的不等式的意义在于，满足此条件时，行人敢于穿越道路，且此时所冒风险较小。当路段条件不满足这一不等式时，行人无法穿越道路，或即使可以穿越，其所承担的风险也较大，此时应设置人行过街信号。显然，K 值越大，则设置行人过街信号的标准越低，行人越安全。但实际操作中，K 值不可能无限放大，这将导致资源的严重浪费，因此本研究设定 $K=1.05$。

由于城市支路一般较窄，以单车道和双车道为主，运行车速低，一般处于低速区间，行人可自由穿越，故不予考虑设置行人过街信号；城市干路平均运行车速较高，处于低速区间的车辆较少，结合第3章中提到的车速累计频率曲线，本研究假设城市干路处于低速区间的车辆为10%，即 $P_1=0.1$。将 $K=1.05$，$P_1=0.1$，$P_2+P_3=0.9$ 代入不等式（4.2），得

$$\begin{cases} -P_1-3P_2-5P_3 < K(-0.2P_1-2.8P_2-5.3P_3) \\ K=1.05 \\ P_1+P_2+P_3=1 \\ P_1=0.1 \end{cases} \tag{4.3}$$

式中，P_1、P_2、P_3——城市路段上运行车辆处于低速、中速、高速区间的概率；

K——安全系数。

进一步计算分析，得

$$\begin{cases} -0.06P_2 + 0.565P_3 < 0.079 \\ P_2 + P_3 = 0.9 \end{cases} \quad (4.4)$$

解得

$$\begin{cases} P_2 > 0.69 \\ P_3 < 0.21 \end{cases} \quad (4.5)$$

上式表明，当路段上处于高速区间的车辆低于20%时，人行过街横道不必设置行人过街信号，行人可以等待合适的时机，通过在博弈中作为先行动方穿越道路；相反，如果路段上处于高速区间的车辆超过20%时，即使行人在博弈中作为先行动的一方也很难穿越道路，此时有必要设置行人过街信号。另外，考虑到4.3节中分析的过街行人等待心理特征，建议过街信号的呼叫等待时间不宜超过30s，且应该配备倒计时提示装置。

关于城市道路路段行人过街信号的设置条件还应综合考虑机动车交通量与行驶车速及过街行人流量，该部分内容将在下一章中详细分析。

2. 车辆限速建议

在上述分析中已知，当行驶速度处于高速区间的车辆低于20%时，人行横道可不设置专用信号，此时行人可通过在博弈中作为先行动方穿越道路。但在此种状况下穿越，行人依旧要承担较大的风险。

现考虑在人行过街横道前设置限速区，从区间起始点直至通过过街人行横道，车辆速度不能超过限速值 V_{lim}。结合第2章中的论述，行人认为车辆在距自己10~20m时对自己构成威胁，因此把限速区域长度定为15m。

此时，当满足如下情况时，人车相撞的风险最大：

1) 驾驶人匀速驾车，其行驶速度为 v_{lim}（km/h）。
2) 行人在此时冒险穿越，其速度变化范围取极端条件，为0~5m/s。

应用上述假设，计算不同限速值 v_{lim} 下人车相撞的最大风险 P，如表4.3所示。

表4.3　　　　　　　　不同限速值下人车相撞的最大风险概率

v_{lim}/(km/h)	20	25	30	35	40
P	0.21	0.27	0.32	0.38	0.43

此时人车相撞最大风险 P 与限速值 v_{lim} 呈线性关系。综合考虑行人安全和对交通流运行状态的影响，建议将限速值 v_{lim} 定在40km/h。

第 5 章

城市道路路段行人过街信号设置

第 5 章 城市道路路段行人过街信号设置

本章将根据城市干路路段上典型无信号人行横道的调查数据，分析人行横道处交通特征，运用回归分析法分别建立机动车交通量与行人等待时间、交通冲突与机动车车速、交通延误与过街行人流量关系模型，然后运用构建的模型，分别以机动车交通量、机动车车速、过街行人等待时间三个指标，对城市干路路段行人过街横道处信号设置条件进行分析，提出相应的限值和分析计算公式。

5.1 调查方案设计与参数分析

5.1.1 调查方案设计

1. 调查地点与时间

调查地点为哈尔滨市黄河路无信号控制人行横道，该路段断面形式为单幅路，双向六车道。调查时间选取工作日的 4：30～6：30，以及休息日的 7：00～10：00。

2. 调查方法

首先，在人行横道停止线前 10m 的道路上，用黄色的胶带粘贴出两条明显的黄线，间距为 10m，并在人行道上设置三脚架及录像设备，对调查道路由东向西方向的车流及过街行人进行观测。

机动车流率与过街行人数量可以直接由视频资料获取；行人等待时间与交通冲突时间采用秒表在视频播放过程中进行观测得出；机动车车速则通过车辆先后通过两条黄线所用时间间接计算得出。

5.1.2 过街行人与机动车特征分析

本书主要通过过街行人等待时间及数量、交通冲突及机动车车速、机动车受行人过街影响的速度降值为指标，分析过街行人等待时间与机动车流率、过街行人数量与机动车延误、行人过街安全性与机动车车速的关系。

1. 行人等待时间与机动车流率的关系分析

本次调查工作日行人过街的平均等待时间为 22.1s，交通量为 2600～3200pcu/h；休息日行人过街的平均等待时间为 12.6s，交通量为 1600～2800pcu/h。因为工作日行人的出行主要是工作出行，而且选取时间为下午的高峰时段，所以交通量比较大，行人等待时间较长；休息日行人的出行主要为非工作出行，交通量也较少，行人等待时间也相应减少。表 5.1 为调查所得到的两时段内机动车流率与行人等待时间的统计数据，其中机动车流率为 5min 换算值，行人等待时间为 5min 内行人平均等待时间。

表 5.1　　交通量与行人等待时间统计数据

工作日				休息日			
行人平均等待时间/s	机动车流率/(pcu/h)	行人平均等待时间/s	机动车流率/(pcu/h)	行人平均等待时间/s	机动车流率/(pcu/h)	行人平均等待时间/s	机动车流率/(pcu/h)
13.1	2622	11.6	2756	7.1	1634	13.4	2669

续表

工作日				休息日			
行人平均等待时间/s	机动车流率/(pcu/h)	行人平均等待时间/s	机动车流率/(pcu/h)	行人平均等待时间/s	机动车流率/(pcu/h)	行人平均等待时间/s	机动车流率/(pcu/h)
21.3	2977	20.6	2929	8.9	1768	12.3	2574
22.7	3066	19.6	2906	8.9	1985	14.5	2635
17.8	2831	21.3	3026	7.4	1711	13.0	2617
25.0	3125	22.9	3068	8.4	1945	15.6	2724
13.7	2622	21.2	3023	11.2	2602	13.6	2520
12.9	2510	23.3	3083	11.1	2479	13.6	2654
15.5	2813	17.9	2972	10.6	2080	15.4	2730
16.0	2810	27.0	3047	18.3	2844	12.7	2392
20.6	2882	30.9	3209	12.7	2634	13.1	2624
16.6	2821	24.1	3156	12.6	2694	13.0	2621
14.9	2672	37.4	3379	13.8	2657	12.5	2491

由表5.1可知，随着交通量的增长，行人等待的时间明显增长。调查过程中，老年人过街等待时间超过60s，有时甚至达到90s，其他数据则基本都在60s以下。本次调查工作日的样本总量为546人，休息日的样本总量为522人。

2. 过街行人数量与机动车延误的关系分析

本次过街行人数量与机动车延误的关系分析指标为：每小时的行人过街数量（5min内过街行人数量的换算值），5min内无行人通过时机动车的平均行驶速度与有行人通过时机动车平均行驶速度的差值，即速度的降值。

表5.2为调查过程中4h的行人过街人数及车速降值的统计表。从表5.2中可以看出，随着过街行人数量的增长，机动车速度的降值越来越大，即机动车延误增大。本次调查的行人样本总量为1068人，机动车样本为1820辆。

表 5.2　　　　　　　　过街行人数量与机动车速度降值统计数据

行人数量/(人/h)	速度降值/(km/h)	行人数量/(人/h)	速度降值/(km/h)	行人数量/(人/h)	速度降值/(km/h)	行人数量/(人/h)	速度降值/(km/h)
204	20.4	312	25.7	120	18.6	348	27.8
84	18.3	264	25.2	144	19.5	300	25.9
144	20.5	312	27.0	216	22.7	240	24.7
144	20.5	312	27.8	204	22.8	300	26.1
264	25.5	516	37.5	192	22.0	228	24.8
216	23.4	396	31.9	288	24.6	300	26.0
240	22.3	168	25.6	228	22.9	228	25.1

续表

行人数量/(人/h)	速度降值/(km/h)	行人数量/(人/h)	速度降值/(km/h)	行人数量/(人/h)	速度降值/(km/h)	行人数量/(人/h)	速度降值/(km/h)
348	28.0	192	26.5	204	18.2	300	26.3
300	26.3	288	30.1	228	23.1	408	31.1
228	24.0	384	32.3	312	25.7	264	24.4
276	25.7	288	29.3	348	27.6	300	26.7
204	21.8	468	36.3	360	29.1	204	20.8

3. 人-车冲突与机动车行驶速度的关系分析

交通冲突严重程度的评价指标主要有两种：一种是以冲突距离作为度量参数；另一种是以冲突时间作为度量参数。本研究采用交通冲突时间作为评价参数。

本次调查中，行人过街交通冲突与机动车平均行驶速度通过以下方式获取：

1) 机动车平均行驶速度采用机动车先后通过停止线前预先粘贴的两条间隔10m黄线的时间间接计算得到。

2) 过街行人与机动车冲突时间通过观测视频资料中行人与机动车先后到达冲突地点的时间差值计算得到。

本次调查总时间为4h，在这段时间内，随机选取60组冲突，调查统计出的数据如表5.3所示。在这60组数据中，交通冲突时间一般为1～5s，在这个范围内，随着机动车车速的增加，行人与机动车的冲突时间减少，即交通冲突更为严重。在调查的时段内，人行过街横道没有出现人与车的交通事故，所以可以看出冲突时间在大于1s的情况下，行人是相对安全的；而当冲突时间大于5s以上，可以认为存在较大的可穿越空档，不存在行人与车辆的冲突，因为这时候行人或者驾驶人有相对充裕的时间避让了。

表5.3 机动车车速与交通冲突时间数据

机动车车速/(km/h)	交通冲突时间/s	机动车车速/(km/h)	交通冲突时间/s	机动车车速/(km/h)	交通冲突时间/s
26.9	2.89	37.5	1.34	18.0	2.86
31.3	1.87	15.9	3.32	23.5	2.23
29.8	1.78	28.8	1.67	24.7	2.47
21.3	2.62	21.3	2.87	29.3	1.83
38.3	1.31	42.4	1.22	26.9	1.65
26.3	2.54	37.1	1.28	28.6	1.78
36.0	1.44	28.8	2.67	20.2	2.73
37.1	1.40	26.1	2.10	17.8	3.80
41.4	1.28	20.9	3.04	18.7	2.65
20.6	2.84	26.7	2.45	24.8	1.64
44.4	1.21	26.1	2.22	19.6	2.69
24.5	2.19	29.3	1.98	20.6	2.56

续表

机动车车速/(km/h)	交通冲突时间/s	机动车车速/(km/h)	交通冲突时间/s	机动车车速/(km/h)	交通冲突时间/s
30.5	1.50	27.9	1.63	18.9	2.98
35.0	1.40	28.1	1.97	20.9	2.89
25.2	1.89	25.0	2.34	23.1	2.40
41.4	1.25	34.0	1.50	17.8	2.97
34.6	1.31	18.6	3.06	19.5	2.58
20.6	2.54	42.9	1.03	16.7	3.16
21.4	2.64	38.3	1.22	23.4	2.43
19.7	2.97	20.1	2.98	21.6	2.36

5.2 模型构建及参数标定

5.2.1 行人等待时间与机动车流率关系模型

1. 模型猜测

行人等待时间即行人在到达人行横道时,车道上因为有机动车在运行,而迫使行人在路边等待机会,寻找可接受的穿越空档的时间。其中,行人是根据到达的机动车所提供的实时车头时距与行人可接受的最小穿越空档比较,当机动车到达的车头时距大于行人可接受最小穿越空档时行人穿越人行横道,否则行人将继续等待。

行人可穿越空档可采用下列公式确定:

$$T = D/V_r + T_m \tag{5.1}$$

式中,T——行人可接受穿越空档,s;

D——行人要穿越机动车道的总宽度,m;

V_r——行人的步行过街速度,m/s;

T_m——行人过街后距下一辆车到达的安全间隔时间,s。

所以,就特定的道路环境而言,行人可穿越空档是一定的。根据交通流理论,在离交叉口较远的路段人行横道处,机动车到达的车头时距一般符合负指数分布,根据车流的运行模型,当到达车辆的车头时距 h 大于行人可接受的最小穿越空档 t 时,行人是可以安全通过的,这时行人可穿越道路的概率如下:

$$p(h > t) = \exp(\lambda t) = \exp(-Qt/3600) \tag{5.2}$$

式中,λ——路段单向车流平均到达率,pcu/s;

Q——路段单向流率,pcu/h。

由此,可猜想过街行人等待时间与机动车流率的关系为指数函数,模型形式如下:

$$T_W = a\exp(bQ) \tag{5.3}$$

式中,T_W——行人等待时间,s;

a、b——模型参数。

2. 数据拟合与模型构建

根据已经调查统计的数据，运用 SPSS 软件得出行人过街等待时间与机动车流率散点如图 5.1 所示。从图 5.1 可以看出，行人过街等待时间随着机动车流率的增长而增长，行人等待时间与机动车流率的关系不仅有可能是指数关系，也有可能是二次函数或者三次函数关系，选取指数函数、二次函数和三次函数对调查数据进行曲线拟合，结果如表 5.4 所示。

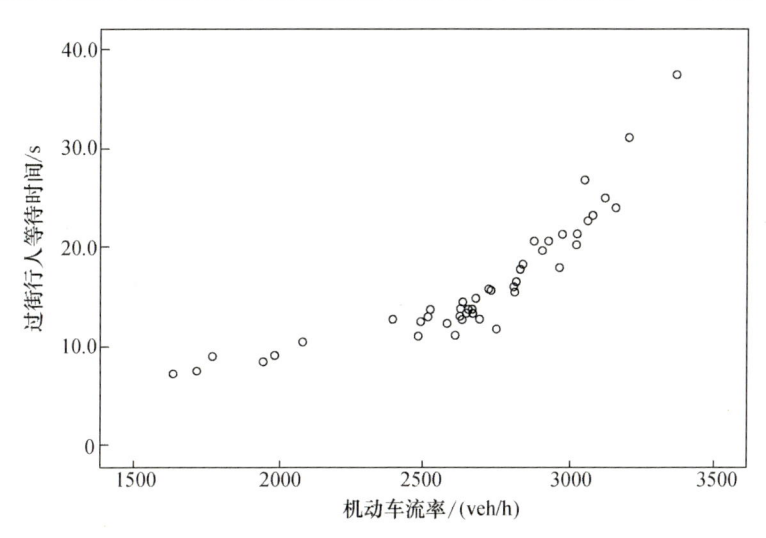

图 5.1 行人过街等待时间与机动车流率散点

表 5.4 行人过街等待时间与机动车流率回归关系模型

模型类型	模型表达式	R^2
二次函数	$T_W = 1.368 \times 10-5Q^2 - 0.054Q + 61.844$	0.930
三次函数	$T_W = 3.033 \times 10-9Q^3 - 8.55 \times 10-6Q^2 + 19.424$	0.940
指数函数	$T_W = 1.476\exp(0.0009Q)$	0.872

从表 5.4 可以看出，三次函数的拟合度最高，其次是二次函数和指数函数。从定性分析来看，随着机动车流率的增长，行人的等待时间应该是增长的，所以在自变量（机动车流率）大于零的前提下，这个模型关系应该是一个单调递增函数，而二次函数与三次函数在机动车流率大于零的情况下并不是单调递增的。因此，在机动车流率较小的时候，模型形式选取指数函数更为合适。此外，因为三次函数和二次函数的拟合度相差很小，为了计算方便，在机动车流率较大的时候运用二次函数模型。表 5.4 中二次函数的对称轴为 $Q=1974$，则行人过街等待时间与单向机动车流率的关系模型为

$$T_W = \begin{cases} 1.476\exp(0.0009Q), & 0 < Q < 1974 \\ 1.368 \times 10^{-5}Q^2 + 0.054Q + 61.844, & Q \geqslant 1974 \end{cases} \quad (5.4)$$

5.2.2 交通冲突与机动车车速关系模型

1. 模型猜测

对交通冲突时间与机动车平均行驶速度进行定性分析可知：随着车速的增加，交通冲突时间会减小，两者符合反比关系。对已经有的数据画出散点图，如图 5.2 所示，并猜测模型的函数形式。

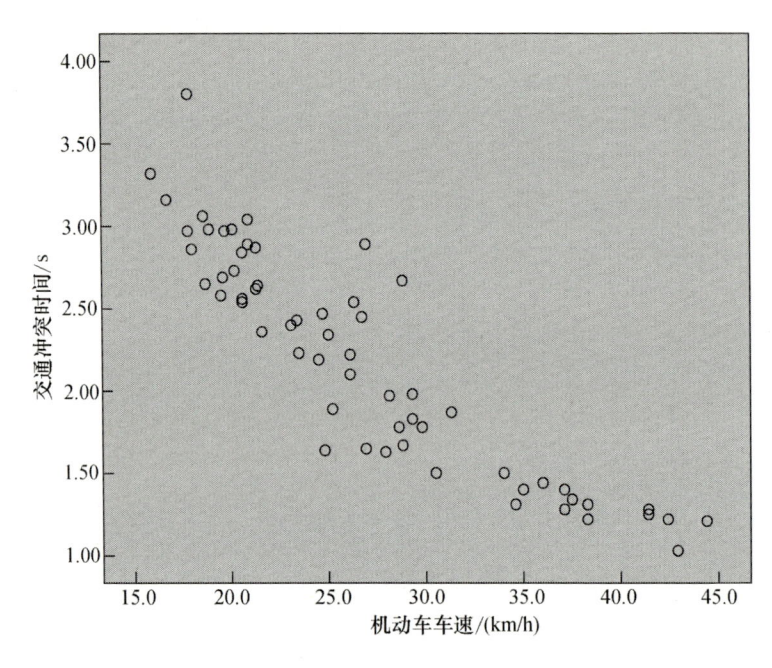

图 5.2　交通冲突时间与机动车平均行驶速度散点图

由图 5.2 可以看出，交通冲突时间与车速之间是反比关系。事故勘察测量主要根据 $T=S/V$（时间 T、距离 S、速度 V）的基本关系式，即分别采用冲突距离、冲突速度或冲突时间 3 种测量参数来研究肇事责任者与事故接触点的关系。而交通冲突与交通事故唯一的区别就是有没有直接造成人身伤害，如果没有，只存在不安全因素，就称之为交通冲突，所以交通冲突也可以由三者的关系表示。而根据上式，当距离一定时，交通冲突时间与车速存在幂函数关系，所以猜测两者关系模型的函数形式为幂函数关系。

2. 数据拟合与模型构建

根据已经调查统计的数据，运用 SPSS 软件选取幂函数、二次函数和指数函数，对已经得出的数据进行曲线拟合，结果如表 5.5 所示。

从表 5.5 可以看出，幂函数和指数函数的拟合度都较高。但是当自变量趋近为零时，指数函数趋近于一个正值；而当机动车车速趋近为零时，交通冲突时间是无限大的，这时候可以当作交通冲突不存在，所以交通冲突与机动车平均行驶速度的关系模型选取幂函数更为合适，模型表达式为

$$T_c = 82.671V - 1.031 \tag{5.5}$$

式中　T_c——机动车与过街行人的交通冲突时间，s；

　　　V——机动车平均行驶速度，km/h。

表 5.5　　　　　　　　　交通冲突时间与机动车车速关系模型

模型形式	模型表达式	R^2
二次函数	$T_c = -0.002v^2 - 0.209v + 6.109$	0.754
幂函数	$T_c = 82.671v - 1.031$	0.874
指数函数	$T_c = 6.205\exp(-0.041v)$	0.873

5.2.3 机动车延误与过街行人数量关系模型

1. 模型猜测

本模型将找出交通延误与过街行人数量的关系。交通延误在交通理论中一般指的是机动车通过路段的损失时间,而在交通调查中,因为行人过街而引起机动车的损失时间是很难调查的,所以本研究将用另一个指标——机动车速度的减少值来表示机动车延误。速度降值是指机动车在没有行人通过的时候通过人行横道的车速(即自由流车速)与有行人通过时的车速的差值,单位为 km/h。本研究根据调查路段道路等级确定自由流车速为 55km/h。行人过街数量本研究将采用高峰小时的行人过街流量,单位为人/h。

从定性上分析,当过街行人的数量增加时,就会迫使机动车减速或者停车避让,避免发生交通事故。调查数据的散点如图 5.3 所示。从图 5.3 可以看出,随着过街行人的增多,交通延误越来越严重,两者呈一个增函数关系。而从图形的大体趋势来看,猜想两者关系模型应为线性模型或者二次函数模型。

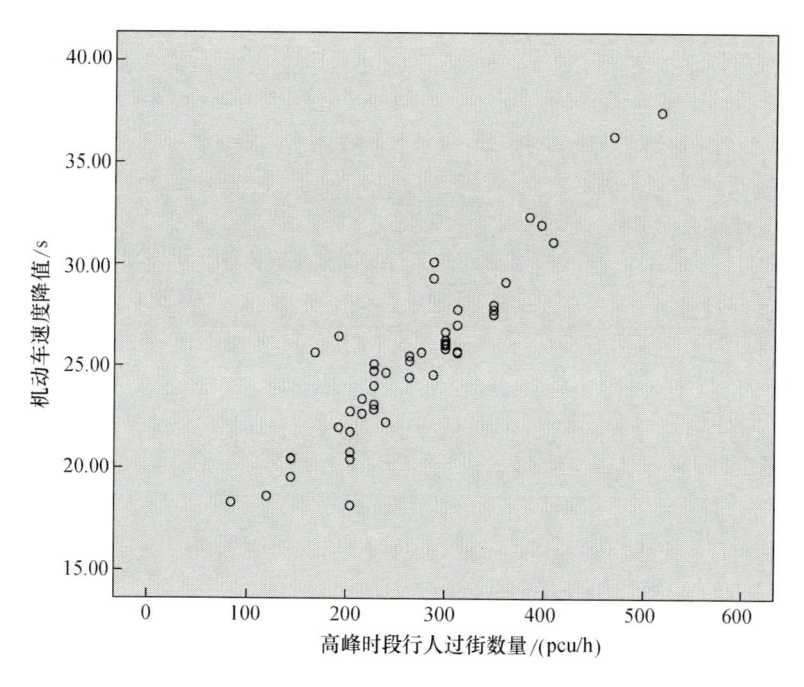

图 5.3 速度降值与高峰时段过街行人流量散点图

2. 数据拟合与模型构建

对散点图进行一元线性拟合,选择自变量为过街行人流率,置信度区间选取为 95%,并绘制出机动车延误与过街行人流率模型拟合曲线,如图 5.4 所示。

同时,对调查数据进行其他模型形式拟合,得出表 5.6。由表 5.6 可以看出,对于已有的数据,线性模型的拟合度最高,其表达式为

$$\Delta V = 0.044 Q_p + 13.572 \tag{5.6}$$

式中 ΔV——行驶车速降低值(行车延误),km/h;

Q_p——过街行人流率,p/h。

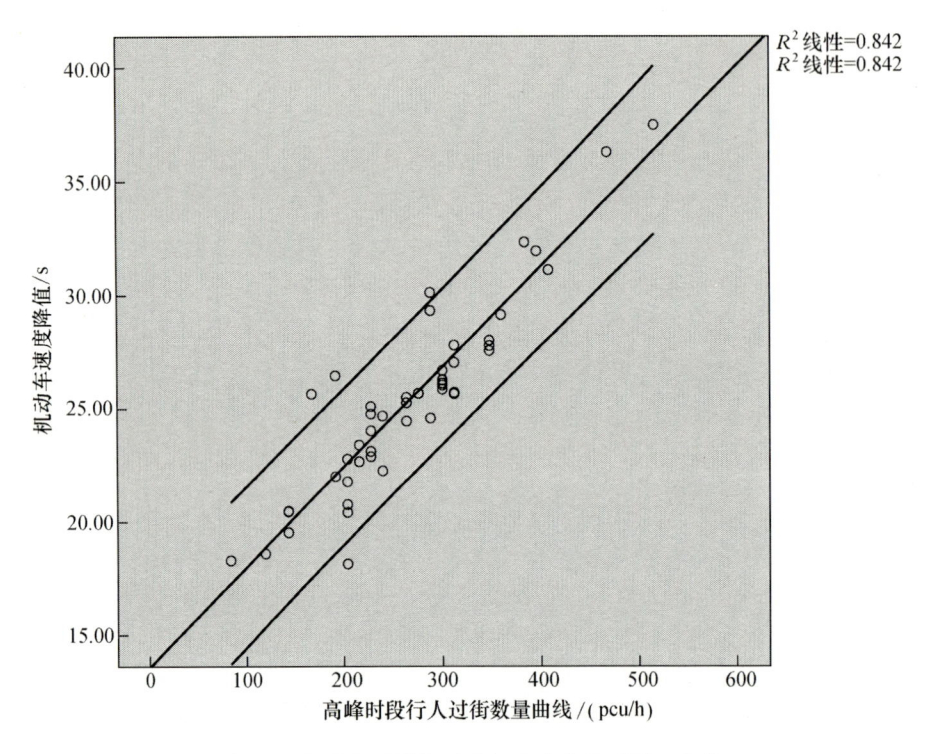

图 5.4 机动车延误与过街行人流率模型拟合曲线

表 5.6　　机动车延误与过街行人流率关系模型

模型形式	模型表达式	R^2
线性	$\Delta V = 0.044x + 13.572$	0.852
二次函数	$\Delta V = 3.678 \times 10^{-5} x^2 + 0.23x + 16.328$	0.841
指数函数	$\Delta V = 15.932 \exp(0.02x)$	0.828
增长函数	$\Delta V = \exp(2.768 + 0.002x)$	0.828

5.3　路段行人过街信号设置条件

5.3.1　现行规范及其存在的问题

1. 现行规范

我国现行的规范主要有全国性和地方性两种,其中全国性的有《人行横道信号灯设施规范》(GAT－851－2009)、《道路交通信号灯设施与安装》(GB 14886－2006)、《城市道路交通设施设计规范》(GB 50688－2011),规范中规定在已施划人行横道线的路段,符合下列条件之一时,应设置人行横道信号灯。

1) 路段机动车和行人高峰小时流量超过表 5.7 所规定的数值时,应设置人行横道信号灯和相应的机动车信号灯。

表 5.7　　　　　　　　　　路段机动车和行人高峰小时流量

路段车道条数	路段机动车高峰小时交通量/(pcu/h)	行人高峰小时流量/(人/h)
<3	600	460
<3	750	390
<3	1050	300
≥3	750	500
≥3	900	440
≥3	1250	320

2) 路段任意连续 8h 的机动车和行人平均小时流量超过表 5.8 所规定的数值时，应设置人行横道信号灯和相应的机动车信号灯。

3) 路段交通事故符合下列条件之一时，应设置人行横道信号灯和相应的机动车信号灯：三年内平均每年发生五次以上交通事故，从事故原因分析通过设置信号灯可避免发生事故的路段；三年内平均每年发生一次以上死亡交通事故的路段。

表 5.8　　　　　　　　　路段任意连续 8h 机动车和行人小时流量

路段车道条数	路段任意连续 8h 的机动车平均小时流量/(pcu/h)	任意连续 8h 的行人平均小时流量/(人/h)
<3	520	45
<3	270	90
≥3	670	45
≥3	370	90

4) 双向机动车车道数达到或多于 3 条，双向机动车高峰小时流量超过 750pcu 及 12h 流量超过 8000pcu 的路段上，当通过人行横道的行人高峰小时流量超过 500 人次时，应设置人行横道信号灯和相应的机动车信号灯。

5) 不具备上述条件但路段设计车速超过 50km/h 时，应设置按钮式行人信号灯。

6) 学校、幼儿园、医院、养老院等特殊人群聚集地点及行人事故多发区域等有特殊要求，且无人行过街设施的，应设置人行横道线，并设置人行信号灯。

地方性规范中相关规范为浙江省工程建筑标准《城市道路人行过街设施规划与设计规范》，规范要求：

1) 在干路路段上应设置信号灯控制。
2) 在支路路段上应设置无信号控制。

2. 存在的问题

从以上国内现行的规范可以看出，全国性规范所依据的条件主要是交通量和行人流量，兼顾考虑了机动车车速和行人事故数量。以上的规范中规定，从无信号人行横道到有信号人行横道过渡主要是交通量和行人同时达到某一数值的时候，这一规定却忽视了交通量较小而行人较多和交通量较大而行人较少的这两种情况，而以上两种情况却存在巨大的安全隐患。比如在交通量较少的情况下，车辆的速度必定是相当大的，这时候较大的行人过街数量不仅会造成交通延误，同时行人过街也会有很大的安全隐患；而交通量较大、行人数量较少时，每个行人在路边等待的时间就会增加，这样行人的延误就会较大，并且在行人等待时间较长的情况下，行人强行穿越人行横道的概率也大大增加。

已有的规范同时考虑交通量和行人过街数量存在问题,不能在重大交通事故发生之后再来考虑行人过街安全问题,要防范于未然,在存在较大安全隐患时就该解决问题。而纵观现在城市交通,考虑交通量和行人数量是远远不够的,特别是在"以人为本"的大环境下,我们更应该把更多的注意力放在交通系统中的弱势群体——行人这一方面。

所以,本研究将在综合考虑行人过街安全性的前提下,分别重点考虑交通量、机动车车速、行人过街数量这三方面的影响。下面的章节将在考虑行人等待时间、交通冲突程度、道路服务水平等情况下,分别给出设置行人过街信号的交通量、机动车车速及行人过街数量的条件。

5.3.2 设置行人过街信号的机动车流率条件

对调查的行人过街等待时间数据进行统计分析,如图 5.5 所示。可以看出,行人可容忍的时间最大为 70～80s,但是在等待时间为 45s 的时候已经有 80% 的人强行穿越,所以本研究在计算行人过街信号设置的机动车流率阈值时,采用过街行人能够忍受的等待时间为 45s。

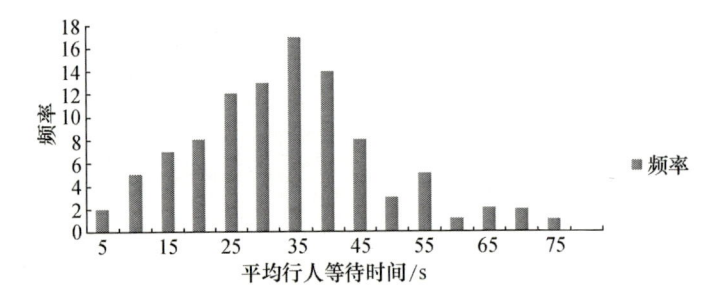

图 5.5　路段行人过街等待时间分布

根据式(5.4),可得

$$Q = \begin{cases} 1111.111 \times \ln(T_w/1.46), & 0 < Q < 1974 \\ \dfrac{0.027 + (1.368 \times 10^{-5}(T_w - 61.844) + 0.027^2)^{\frac{1}{2}}}{1.368 \times 10^{-5}}, & Q \geqslant 1974 \end{cases} \quad (5.7)$$

将 $T_w=45\text{s}$ 带入上式,得到 $Q=3606\text{veh/h}$,而该调查路段单向车道数为 3 条,所以平均每车道高峰小时交通量为 1202veh/h/ln,因此建议城市干路高峰小时交通量大于 1200veh/h/ln 时,设置人行过街横道信号灯。

5.3.3 设置行人过街信号的机动平均行驶速度条件

在本次交通调查中,交通冲突时间为 1.2～3.5s,而本次调查过程中没有出现交通事故,所以可以认为交通冲突时间小于等于 1.2s 时,容易发生交通事故,故本文取 1.3s 作为严重冲突时间的阈值。

根据式(5.5),可得

$$v = \exp\left[1.031^{-1}\ln(82.671/T_c)\right] \quad (5.8)$$

把交通冲突时间下限 1.3s 带入上式,得到机动车车速为 56km/h。这就表示:当车速接近或大于 56km/h 时,交通冲突就比较严重,存在巨大安全隐患。取整后本研究建议在机动车平均行驶速度超过 55km/h 时设置行人横道信号灯，以确保行人过街安全。

5.3.4 设置行人过街信号的行人过街数量条件

国内一般采用行车延误作为交叉口服务水平的评价指标，而对于路段的服务水平却没有相应的评价指标。美国 HCM-2010 中采用行程速度作为城市道路服务水平的评价指标。从自由流速度来看，中国的主、次干路分别对应于美国城市道路的Ⅲ、Ⅳ级，服务水平一般选取 C、D，其对应的平均行程速度阈值如表 5.9 所示。

本文在行车延误与过街行人流量关系模型建立中，以速度降低值作为行车延误的评价指标，这里的速度降低值是指自由流速度与受到人行过街影响后的行驶车速差值，根据城市道路等级Ⅲ、Ⅳ级中 C、D 服务水平中典型自由流速度与相对应服务水平下速度的差值，代入公式 (5.6)，可得

$$Q_p = (\Delta V - 13.572)/0.044 \tag{5.9}$$

根据公式 (5.9)，计算得到城市主、次干路在 C、D 级服务水平条件下设置行人过街信号的过街行人流量限值，如表 5.9 所示。

表 5.9　　　　　　　　设置人行横道信号的过街行人流量限值

服务水平	平均行程速度/(km/h)		速度降低值/(km/h)		高峰小时行人流量/(人/h)	
	主干路	次干路	主干路	次干路	主干路	次干路
C	28	23	27	22	305	192
D	22	18	33	27	442	305

第 6 章

驾驶人夜间对过街行人的视认试验

本章从分析夜间影响路段行车安全的因素入手，界定驾驶人视认距离及试验条件，并制订试验方案，利用现场试验测定夜间不同照明条件下和不同行车速度下驾驶人对过街行人的视认距离数据，为下一步的规律分析打下基础。

6.1 试验条件界定

6.1.1 影响因素分析

夜间交通环境复杂，对夜间路段行车安全造成影响的因素众多，主要包括四个方面的因素，即人、车、道路和夜间环境。这些因素都有自己相应的功能或特性，并按照一定的规律运行着，且各因素会产生相互作用，使夜间道路交通系统的研究变得较为困难。本研究的环境为夜间城市道路，并以过街行人的安全为出发点。下面对人、车、路和夜间环境四个方面的因素进行分析。

1. 人的因素

人是交通活动的主体，在道路交通活动中处于主导地位，是道路交通系统的重要影响因素，也是影响道路交通安全的首要因素。相关研究表明，93%的道路交通安全事故都与人有关。本研究中的夜间交通系统中人是关键因素，包括驾驶人和过街行人，下面将分别对驾驶人及过街行人的相关特征进行讨论。

（1）驾驶人

驾驶人是车辆的操纵者，在车辆行驶过程中负责控制车辆行驶轨迹，其个人特性对车辆行驶影响很大。在车辆行驶过程中，驾驶人需要不断接受车内和车外环境的实时信息，通过分析、判断、决策，采取合理的反应措施，这就要求驾驶人具备处理复杂交通环境的能力。

本研究的重点之一是确定夜间不同照明条件及行车速度下驾驶人对过街行人的视认距离，驾驶人个人基本特性对过街行人的视认距离有直接影响。与本书的研究相关的驾驶人个人基本特性包括性别、年龄、驾龄、视觉特性、夜间驾驶经验和个人心理素质等。

1) 性别。男性和女性驾驶人的差异不仅表现在生理上，在心理上也有较大的区别。一般来说，男性驾驶人反应更迅速，分析和处理问题的能力更强。在处理突发情况时，男性往往表现果断，女性则较为犹豫。夜间行车男性比女性更自信，往往会采取冒险行动。

2) 年龄。不同年龄驾驶人的驾驶行为也不同。年轻的驾驶人反应快，但其情绪易受环境影响，也容易采取冒险措施；年老的驾驶人性情稳定，不喜冒险，但其处理突发情况的反应能力较差。据此，我国机动车驾驶证管理办法规定，驾驶人年龄超过70岁后，其驾驶证将被注销。

3) 驾龄。驾龄指驾驶人驾驶车辆的年数，在一定程度上能够反映驾驶人驾车的熟练程度。一般情况下，驾龄越大，驾驶车辆越熟练。

4) 视觉特性。视觉是眼睛最基本也是最重要的特性。据相关分析，在行车过程中，80%的信息是通过视觉传达给驾驶人的，其次是听觉，约占10%。驾驶人通过视觉辨别目标物体颜色、明暗、形状、大小和远近等特征，对夜间行车安全起着非常重要的作用。动视力是驾驶人在行车过程中观察目标物体的视觉能力，与行车速度密切相关，当车速提高时视力下降。相关研究表明，驾驶人动视力比静视力低10%～40%。视力与行车速度的关系如图6.1所示。驾驶人夜间视力还受光照强度和环境背景亮度等因素的影响。驾驶人视野可分为静态视野和动态视野。

在行车过程中驾驶人的视野是动态的,且视野随着行车速度的提高逐渐缩小,驾驶人注意力将集中于视野中心。驾驶人视野随车速的变化如图6.2所示。

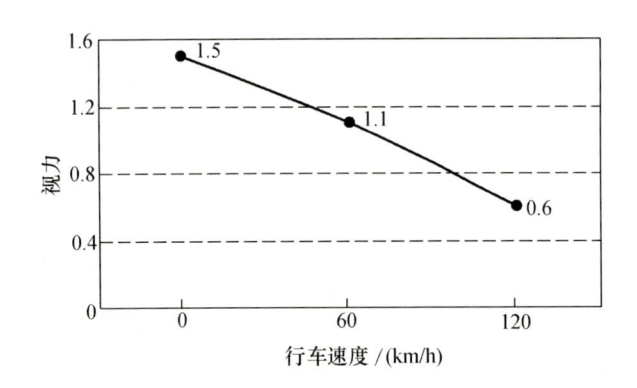

图 6.1　视力与行车速度的关系

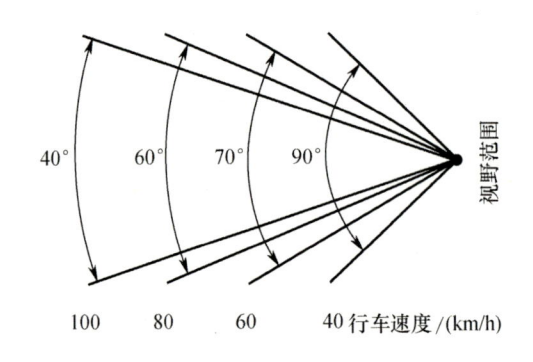

图 6.2　视野与行车速度的关系

5)夜间驾驶经验。夜间驾驶经验可体现出驾驶人对夜间驾驶环境等的适应程度。夜间驾驶经验丰富的驾驶人能够在光照不足的情况下发现前方障碍物或过街行人,并能够预期前方道路可能发生的情况,从而采取预防措施。

(2)过街行人

过街行人是交通活动的重要参与者。现今私人交通蓬勃发展,机动化水平越来越高;行人在道路交通中往往处于弱势地位,尤其是与车辆存在路权冲突的过街行人,其安全受到较大威胁。与本研究相关的过街行人基本特性包括性别、年龄、衣服颜色、过街速度和过街行人流量等。

1)性别及年龄。和驾驶人表现类似,在过街行人中男性比女性、年轻人比老年人反应更快,决定更加果断,但也更容易采取冒险行动,这对处于弱势地位的行人来说是不利的。

2)衣服颜色。不同的颜色通过视觉作用能使人产生大小、轻重、冷暖、明暗、远近等不同的感觉,同时也能使人产生兴奋、紧张、安定、轻松、烦躁、忧郁等心理效果。不同的颜色传递给驾驶人的信息有较大差异,产生的心理影响也不同。

3)过街速度。行人过街速度是描述过街行人特征的重要参数之一,也是评价行人过街设施服务水平的重要指标。夜间和昼间行人过街速度有所差别。昼间过街行人能够很好地了解周围的交通环境,过街比较从容,步行速度比较稳定;夜间由于光照条件的限制,过街行人不能完全了解周边交通情况，过街时往往犹豫不决，速度时快时慢，安全风险较大。

4) 过街行人流量。过街行人流量指在单位时间内通过的过街行人数量。行人过街时有从众心理，往往结伴过街，对道路交通干扰较大。路段过街行人流量较大时，驾驶人较易视认，能够较早地采取避让措施。

2. 车辆因素

车辆是人或物的载体，能从一地移动到另一地。车辆在道路上以一定的速度行驶时，要求其有良好的性能，如动力性能和制动性能。

(1) 动力性能

车辆动力性能可用最高行驶速度、加速能力和爬坡能力三个参数表示。良好的动力性能是车辆正常行驶的重要前提。

(2) 制动性能

在相同条件下，制动时间和制动距离是描述车辆制动性能的重要指标。影响车辆制动性能的因素较多，包括车辆自身系统和道路路面种类等。制动距离指从车辆制动开始至停止（速度为零）时所驶过的距离，该距离不包括驾驶人的反应距离。

3. 道路因素

道路是供车辆行驶和行人步行的设施，与本研究相关的特性有路面状况、横断面形式、道路宽度。

(1) 路面状况

城市道路路面分为沥青路面和水泥混凝土路面两种。沥青路面具有较强的抗损害能力，经久耐用，行车舒适且易于维修养护，故广泛应用于城市道路的铺筑。水泥混凝土路面由混凝土浇筑而成，造价低、强度高、抗重压，但抗磨损能力差，维修保养成本较高，行车舒适性差，不利于行车安全。不同路面的摩擦系数有较大的差异，特别是冰雪条件下，道路路面摩擦系数与正常路面相比显著降低。

(2) 横断面形式

城市道路横断面形式分为四种，即一块板、两块板、三块板和四块板。一块板道路无中央分隔带，机动车车道在中间，非机动车车道在两侧，容易发生行人违章过街的情况。两块板道路设有中央分隔带，在无过街横道的情况下行人不能随意穿越；当道路较宽时，行人可借助中央分隔带躲避车辆，形成二次过街。由于三块板和四块板道路占地面积较大，利用率不高，现已逐步改造为一块板或两块板。不同横断面形式的道路路灯布设方式有所区别，对路面光照强度有一定的影响。

(3) 道路宽度

车道数较少、道路较窄时，过街行人能够在较短时间内穿越道路，安全到达对面，且过街行人穿越道路的倾向或概率较高；当车道数较多、道路较宽时，过街行人以正常的速度不易在短时间内穿越道路，易形成二次或多次过街，使过街行人在路内滞留时间延长，危险增加，在这种情况下行人过街表现比较谨慎，步行速度较快。

4. 环境因素

道路环境影响因素众多且较复杂，各因素间往往相互影响。本研究的道路环境为夜间道路环境，主要包括夜间光照条件和夜间车流量两个方面。

(1) 夜间光照条件

夜间自然光线较差，需要路灯辅助照明，这是夜间与昼间相比的一个本质区别。夜间城市道路主要靠路灯照明，光照环境较差，驾驶人行车视线受到限制，视认距离及视认范围有限，不易识别过街行人，给驾驶人行车和行人过街都造成了不便，尤其是过街行人安全不能得到较好的保障，故夜间光照条件对驾驶人视认过街行人的影响是本研究的重点。

(2) 夜间车流量

与昼间相比，夜间车流量显著减少，行车速度明显提高。在路段上，大部分车辆都能保持自由速度行驶，车辆间干扰较小。随着车速的提高及夜间光照强度的降低，驾驶人对过街行人的视认受到较大影响，过街行人的安全也受到较大威胁。

6.1.2 试验考虑因素

由于试验条件等诸多限制，在试验中很难将以上影响因素全部考虑。现场试验可保持次要影响因素不变，选取主要影响因素研究。

1. 驾驶人

试验选取技术成熟的有夜间驾驶经验的驾驶人，且均为男性，视力测试正常。因为驾驶人个人影响因素单一，在试验中可不予考虑。

2. 过街行人

过街行人年龄的影响可通过行人过街步行速度反映，因此在试验和研究中考虑了过街行人衣服颜色、流量和过街步行速度。这些因素在试验展开前还可通过危险性分析来进一步筛选，并尽量使试验反映客观实际。

3. 车辆

本研究认为在道路上行驶的车辆动力性能和制动性能均良好，试验车辆也满足各项指标要求，车辆的动力性能和制动性能可分别通过行车速度、制动距离来反映。

4. 道路

城市道路大部分为沥青路面，正常天气条件下路面摩擦系数变化不大。道路横断面形式和道路宽度不同时，路灯布设形式也有所区别，这些因素影响均可通过人行横道处光照条件的变化来体现，因此道路横断面形式及宽度将不予考虑。

5. 环境

夜间光照条件是重点考虑的因素。交通量主要影响行车速度的变化，夜间交通量较小，车辆可自由行驶，交通量的影响可不计。

6.1.3 夜间驾驶人视认距离界定

确保夜间过街行人安全的关键是保证驾驶人有足够反应时间对过街行人进行视认并采取合理措施，这要求保证夜间驾驶人对过街行人有足够的视认距离。

视认是指在驾驶人的判读和辨认。本研究中的夜间驾驶人视认距离是指夜间条件下驾驶人以一定的行车速度在道路上行驶时，能够判读和辨认出前方过街行人的最大距离。驾驶人在避让过街行人前的信息处理过程见图 6.3。

如图 6.3 所示，夜间条件下，当行人以一定的步行速度过街时，驾驶人通过眼睛搜索并判读出过街行人位置，与此同时经过大脑的分析、判断和决策，采取合理的处理措施，如加速通

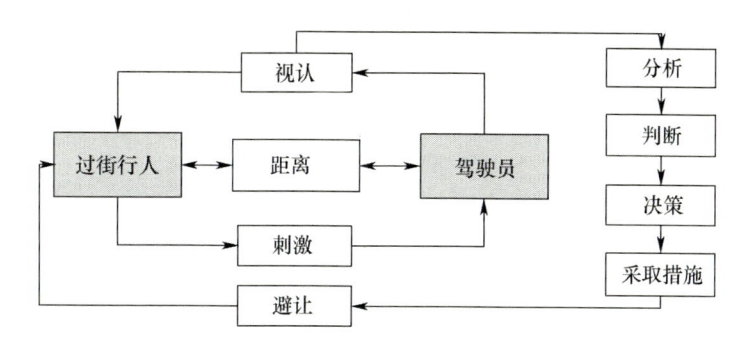

图 6.3 驾驶人在避让过街行人前的信息处理过程

过或减速避让等。夜间驾驶人处理信息及采取措施至有效避让过街行人的过程都必须在视认距离之内完成,以避免对过街行人造成伤害。

6.2 夜间行人特征分析

夜间驾驶人对过街行人的视认受到行人个人特征的影响,如行人过街的数量、过街速度和衣服颜色等都会使驾驶人对其视认距离产生差异。本节就将从过街行人数量、过街行人步行速度及过街行人衣服颜色等方面进行分析,为下一步夜间驾驶人视认距离实验方案的设计奠定基础。

6.2.1 过街行人数量

昼间是行人出行比较活跃的时间段,人行横道处过街行人数量自然也较大,行人与路段行驶车辆的冲突也较为严重。与昼间相比,夜间行人出行量有所降低,过街行人数量也大幅减少,但受夜间光照条件的影响,夜间行人过街的安全风险也有所增加。

从驾驶人对过街行人的视认特征分析看来,成群结队的过街行人在人行横道处形成了较大的可视目标,使驾驶人能够在较远的距离就发现,并做出及时的判断和应对措施。然而夜间过街行人量较小,行人过街也变得较为谨慎,成群结队过街现象比昼间时要少很多,行人经常在人行横道处驻足观望。此时,单个的过街行人目标极小,不易引起驾驶人注意,使得驾驶人对过街行人的视认变得较为困难。

作者对哈尔滨市出租车驾驶人展开了过街行人特征对驾驶人视认影响的问卷调查,调查内容见表 6.1;走访调查驾驶人共 60 名,分析结果见表 6.2。从分析结果看来,昼间条件下认为"过街行人数量对驾驶人视认行人没有影响"的驾驶人仅 4 名,约占 6.7%,也即约 93% 的驾驶人认为人行横道处过街行人数量对驾驶人视认是有影响的,且认为"影响显著,人越多能越早发现"的驾驶人有 48 名,占总数的 80%。夜间条件下认为人行横道处过街行人数量对驾驶人视认行人有影响的驾驶人共 54 名,约占总数的 90%,其中认为"有显著影响,人越多能越早发现"的约占 63.3%。由以上分析可知,无论是昼间还是夜间,过街行人越多、越集中,驾驶人就越能尽早发现和辨别行人。对认为夜间过街行人数量对视认性有影响的 54 名驾驶人做进一步调查,并对比分析不同光照条件下行人数量的影响程度。其中,有 42 名驾驶人认为当光照条件较好时过街行人数量的影响将更加显著,约占 73.3%,认为光照条件较差时影响更显著的约占

16.7%，认为不同光照条件下的影响无显著差别的仅占10%。从分析结果可见，夜间光照条件较好时，过街行人越多、越集中，驾驶人就能较早辨别；当光照条件较差时，行人数量特征的影响并不显著。

表6.1　昼夜过街行人数量对驾驶人视认行人的影响调查内容

\\	您认为昼间和夜间人行横道处过街行人数量对驾驶人视认影响程度如何？
选项	A 有显著影响，人越多能越早发现 B 有影响，但影响不显著 C 无影响，几乎没有差别
时间段	昼间（　）　　　夜间（　）
\\	如果您认为夜间行人数量对此有影响，请比较下面两种情况，在选项后面画√
夜间光照对比	A 光照条件较好时行人数量的影响更显著（　） B 光照条件较差时行人数量的影响更显著（　） C 光照的影响不大，二者间没有显著差别（　）

表6.2　昼夜过街行人数量对驾驶人视认行人的影响调查结果分析

内容	选项	百分比（%）
昼间	A 有显著影响，人越多能越早发现	80.0
	B 有影响，但影响不显著	13.3
	C 无影响，几乎没有差别	6.7
夜间	A 有显著影响，人越多能越早发现	63.3
	B 有影响，但影响不显著	26.7
	C 无影响，几乎没有差别	10.0
夜间不同光照条件下的对比	A 光照条件较好时的影响较显著	73.3
	B 光照条件较差时的影响较显著	16.7
	C 光照的影响不大，二者没有显著差别	10.0

为了对问卷调查结果进行验证，同时确保试验人员的安全，分别在光照较好和较差的条件下做了两组视认距离对比试验。在光照条件较好和较差的人行横道处先后安排过街行人3名和1名，对这两种不同行人数量的驾驶人视认距离进行测试。将两处同一条件下的多组实验数据进行整理，得到每种条件下驾驶人视认距离的平均值，绘出对比分析图，见图6.4和图6.5。

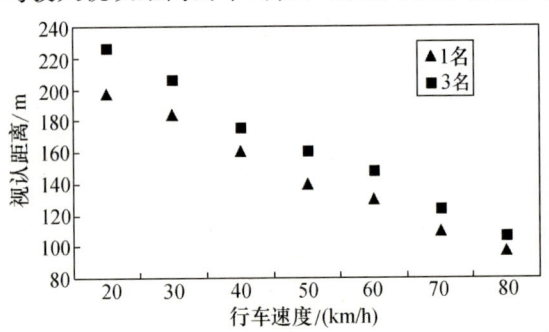

图6.4　光照较好时行人数量影响对比

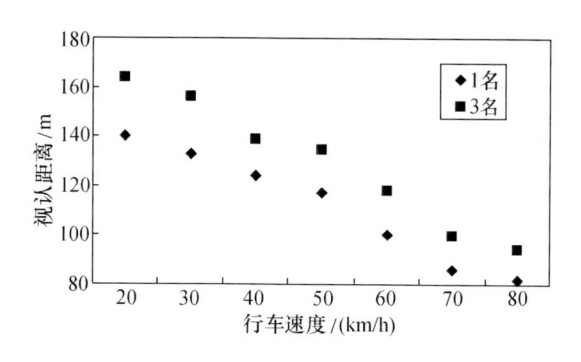

图 6.5　光照较差时行人数量影响对比

从图中可以看出，夜间过街行人数量对驾驶人视认行人有一定的影响，过街行人数量较多时驾驶人能够较早地发现，从这一角度看这有助于过街行人的安全。

6.2.2　过街行人速度

正常条件下路段行人过街过程可分为五个阶段，即在人行横道起始端驻足观望阶段、起步加速阶段、快速通过阶段、减速阶段和到达停步阶段。在人行横道起始端，过街行人为了安全需要驻足观望等待合适的穿越空档；当过街行人判断时机成熟，可以顺利通过人行横道时，将进入起步加速阶段，此时步行速度将由慢变快；当过街行人加速到一定程度后，步行速度变得较为稳定，直到进入减速阶段；在减速阶段，过街行人将逐步放慢步行速度；最后过街行人成功到达道路对面并停步。

从行人过街的五个阶段分析，过街行人的速度将由较慢至较快，再由较快至较慢，并最终停止。对哈尔滨市各主要路段人行横道处行人过街行为进行调查，昼间和夜间行人过街基本上都能够满足上述五个阶段。

据相关统计，行人步行速度平均值一般为 1.0~1.6m/s，而我国行人步行的平均速度为 1.0~1.35m/s，国外行人的平均步行速度为 1.2~1.55m/s，比我国高约 0.2m/s。在行人穿越人行横道时，其步行速度要大于平均速度，一般保持在 1.2m/s，这是在穿越空档比较大、行人有较为充足的时间通过人行横道时的步行速度。当穿越空档较小，行人将缩短步行时间，提高步行速度，此时步行速度往往超过 2m/s，相当于小跑通过时的步行速度。对哈尔滨市黄河路、嵩山路等路段过街行人昼夜步行速度展开调查。各路段过街步行速度分布见图 6.6。

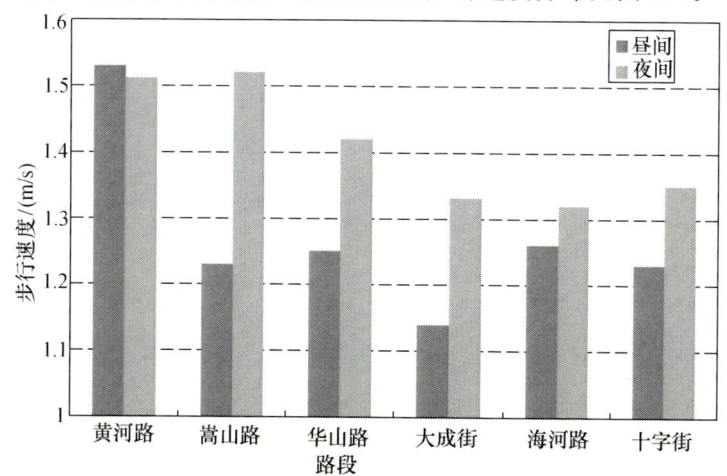

分析发现，夜间过街行人平均步行速度普遍高于昼间，例如嵩山路、华山路等路段行人过街平均步行速度分别为 1.23m/s、1.27m/s，而夜间行人过街平均步行速度分别为 1.53m/s、1.43m/s，均有所提高。可见，对过街行人来说，夜间过街危险性较大，行人都加快了步速，想尽快通过该区域。

在进行"昼夜过街行人数量对驾驶人视认行人的影响调查"的同时展开"过街行人步行速度对驾驶人视认行人的影响调查"，调查对象仍为哈尔滨市 60 名出租车驾驶人，调查内容见表 6.3，调查分析结果见表 6.4。

表 6.3　　　　　昼夜过街行人步行速度对驾驶人视认行人的影响调查内容

\multicolumn{2}{l	}{您认为昼间和夜间人行横道处过街行人步行速度对驾驶人视认影响程度如何？}
选项	A 有显著影响，行人动起来更易被发现
	B 有影响，但不显著
	C 无影响，行人动与不动几乎没有差别
时间段	昼间（　　）　　　　　夜间（　　）
\multicolumn{2}{l	}{如果您认为夜间行人步行速度对此有影响，请比较下面两种情况，在选项后面画√}
夜间光照对比	A 光照条件较好时的步行速度的影响较显著（　　）
	B 光照条件较差时的步行速度的影响较显著（　　）
	C 光照的影响不大，二者间没有显著差别（　　）

表 6.4　　　　　昼夜过街行人步行速度对驾驶人视认行人的影响调查结果分析

内容	选项	百分比（%）
昼间	A 有显著影响，行人动起来更易被发现	93.3
	B 有影响，但影响不显著	5.0
	C 无影响，几乎没有差别	1.7
夜间	A 有显著影响，行人动起来更易发现	88.0
	B 有影响，但影响不显著	10.0
	C 无影响，几乎没有差别	2.0
夜间不同光照条件下的对比	A 光照条件较好时影响较显著	43.3
	B 光照条件较差时影响较显著	38.3
	C 光照的影响不大，二者间没有显著差别	18.3

从表 6.4 的分析结果来看，认为昼间和夜间行人过街步行速度对驾驶人视认行人有影响的比例均达到了 98%，可见无论是昼间还是夜间，行人过街步行速度对驾驶人视认行人的影响都比较显著。认为夜间光照条件较好时，过街行人步行速度对驾驶人视认行人影响更显著的占 43.3%，与光照条件较差时所占比例相当，可见夜间不同光照条件下过街行人步行速度对驾驶人视认行人的影响均较显著。

为了验证夜间过街行人速度对驾驶人视认的影响，让过街行人在光照条件较好和光照条件较差的人行横道以约 1.5m/s 的速度来回走动，测得不同速度下的驾驶人视认距离，求得同一速度下多组视认距离的平均值，将该值与过街行人静止时测得的数据对比，见图 6.7 和图 6.8。

从两组对比试验结果分析看来，过街行人以 1.5m/s 的步行速度运动时，驾驶人对过街行人

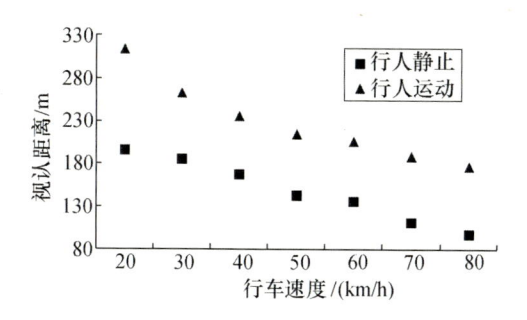

图 6.7　光照较好时行人步速影响对比

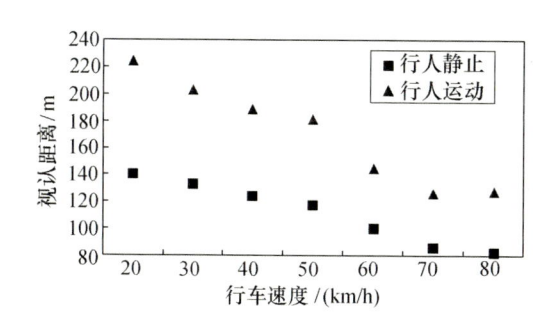

图 6.8　光照较差时行人步速影响对比

的视认距离比行人静止时有较大幅度的提高,这从另一角度表明夜间当行人在人行横道处畏首畏尾而停留不前时,驾驶人对其视认距离也会不足,此时对过街行人的安全最不利。

6.2.3　过街行人衣服颜色

从表面看行人衣服颜色各异,并没有什么规律可言。但通过对哈尔滨市冬季和夏季行人衣服颜色的调查发现,在不同的季节行人衣服颜色也呈现出一定的规律。在寒冷的冬季行人喜欢穿深色衣服,其中以黑色和深蓝色居多;在夏季,行人普遍穿浅色衣服,虽然颜色各异,但一般颜色都比较浅。而通过对哈尔滨市 60 名出租车驾驶人的调查发现,夜间行人的衣服颜色深浅对驾驶人视认特征有一定的影响,调查内容及结果见表 6.5 和表 6.6。

从调查结果分析看来,认为昼间行人衣服颜色对驾驶人视认有影响的约为 65%,夜间约为 78.3%,但颜色对驾驶人视认距离影响的显著性并没有想象中的高。从夜间行人衣服颜色深浅影响对比分析看来,浅颜色更易被驾驶人视认,这是因为浅颜色与黑色的沥青路面和夜间的黑色背景形成了较为鲜明的对比。在调查中许多驾驶人都反映夜间行人衣服的颜色在较远的距离内根本无法辨别,只能分辨出明暗,只有当车辆距离过街行人很近时才能区分出衣服颜色的细节,这种规律在低照度条件下会更加凸显。

表 6.5　昼夜过街行人衣着颜色对驾驶人视认行人的影响调查内容

	您认为昼间和夜间人行横道处过街行人衣着颜色对驾驶人视认影响程度如何?
选项	A 有显著影响
	B 有影响,但不显著
	C 无影响

续表

您认为昼间和夜间人行横道处过街行人衣着颜色对驾驶人视认影响程度如何？	
时间段	昼间（ ）　　　　　　夜间（ ）
如果您认为夜间行人衣着颜色对此有影响，请比较下面两种情况，在选项后面画√	
夜间颜色深浅对比	A 颜色越深，影响更显著（ ） B 颜色越浅，影响更显著（ ） C 颜色深浅，没有显著差别（ ）

表 6.6　　昼夜过街行人衣着颜色对驾驶人视认行人的影响调查结果分析

内容	选项	百分比（%）
昼间	A 有显著影响	25.0
	B 有影响，但不显著	65.0
	C 无影响	10.0
夜间	A 有显著影响	16.7
	B 有影响，但不显著	78.3
	C 无影响	5.0
夜间颜色深浅对比	A 颜色越深，影响较显著	16.7
	B 颜色越浅，影响较显著	76.7
	C 颜色深浅，没有显著差别	6.7

在光照条件较好和光照条件较差的人行横道处，分别对穿黑色和白色衣服的过街行人进行视认试验，将测得的数据进行对比分析，见图 6.9 和图 6.10。

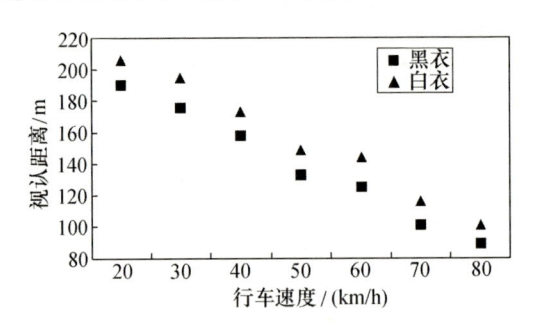

图 6.9　光照较好时颜色影响对比

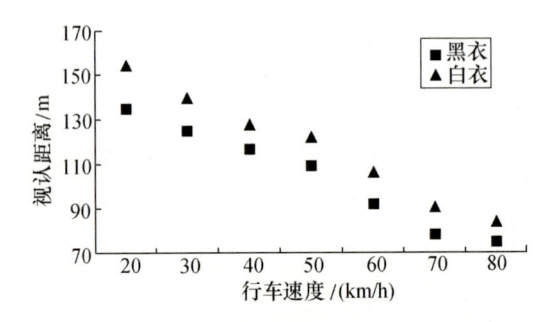

图 6.10　光照较差时颜色影响对比

从图中分析结果来看，夜间过街行人衣服颜色对驾驶人视认有一定的影响。与深颜色相比，浅颜色更易被驾驶人视认。

综上所述，当过街行人数量较少、步行速度较慢（或静止）、过街行人衣服颜色较深时，驾驶人对其进行视认较为困难，此时行人处于最危险的状态。因此，在设计夜间视认距离试验方案时应从最不利于过街行人安全的条件入手。

6.3 试验方案设计

6.3.1 试验思路

夜间城市道路照明为驾驶人及过街行人提供了较好的视觉环境，以保证驾驶人及过街行人能够看清道路交通环境、路面状况、障碍物等。但与昼间相比，夜间行车环境舒适度显著降低。驾驶人对前方路段过街行人及障碍物的视认能力也明显下降，表现为驾驶人夜间视认距离与昼间视认距离相比有显著减小的趋势。而确定夜间不同条件下驾驶人对过街行人的视认距离是本研究的关键，直接关系到夜间路段行车限速值的计算。因此，需要展开夜间驾驶人视认距离试验，以找出不同光照条件及行车速度下驾驶人对过街行人的视认规律，从而最终确定路段安全行车速度。

从上一节分析结果可知，在夜间光照条件稳定的情况下，当过街行人数量较少、步行缓慢、衣服颜色较深时，驾驶人对其视认最为困难，此时过街行人的处境最危险，而本研究的行车速度正是基于此类极限条件下的。因此，确定本试验的试验地点为不同光照条件下的城市主干路路段人行横道，过街行人处于静止状态且其衣服颜色均较深。

6.3.2 试验时间与路段

1. 试验时间

试验时间选择在晴朗无风的天气，避开雨雪天气或雨雪之后的天气，这样才能保证道路路面干燥，驾驶人视线良好。由于本试验有模拟过街行人的参与，且试验车辆最高行驶速度为 80km/h，试验具有较高的危险性。为了降低风险，试验时间选在夜间车流量相对较少的时间段，即 20：00～24：00。

2. 试验路段

为了客观、准确地反映夜间不同光照条件及不同行车速度下驾驶人对过街行人视认的客观规律，需要对人行横道处光照条件及驾驶人视认距离进行准确的测量。在城市中心区车流量较大的主干路进行试验几乎不可能实现。在中心区交通条件极其复杂的情况下，人行横道处光照条件及驾驶人视认距离都很难准确测定，而且本试验需要车辆保持不同的行车速度匀速行驶，速度较高时具有一定的危险性。因此，将试验路段选在哈尔滨市江北区，这些路段车流量较小、道路照明设施齐全、无交通控制信号、道路线形平直且长度能够满足视认要求。

根据试验要求，选择的试验道路包括世茂大道、天翔路、江湾路、世纪大道和天元街，见图 6.11。试验道路总长度约 6km，道路照明设施齐全，夜间车流量较小，有路段过街人行横道多处且光照条件各异，能够满足试验的基本要求。试验道路及路段人行横道情况见图 6.12 和图 6.13。

图 6.11　试验路段

图 6.12　道路情况

图 6.13　路段人行横道

6.3.3　试验人员与器材

1. 试验人员

（1）驾驶人

本次试验驾驶人将全程参与，在试验中起着举足轻重的作用。夜间驾驶人对过街行人的视认特性会受到较多因素干扰，为了客观反映其视认规律，选择 8 名操作熟练并有夜间驾驶经验的驾驶人。驾驶人年龄分布在 25~50 岁，身体健康状况良好，具有较好的沟通能力和理解能力，对试验方案及研究的内容有充分的了解。试验前，驾驶人应做好充分准备，包括充足的睡眠，不能饮酒，这都是为了保证通过试验获得的数据的准确性。

在本次试验中，驾驶人应负责保持车辆匀速行驶，发现并判断出前方过街行人后应立即大声报告，并应分辨出过街行人衣服颜色，当车辆到达过街行人位置后应立即发出到达提示，以便记录员记录达到时间。

（2）记录员

本次试验需记录员 3 名。1 名记录员坐在副驾驶座位，负责用摄像机采集车辆前方道路交通信息；另外 2 名记录员坐在车辆后排座位，分别负责测定时间和填写记录表。在试验过程中，记录员应尽量保持安静，避免对驾驶人造成不必要的干扰。

2. 试验器材

（1）试验车辆

试验车辆为哈尔滨市本地自产的哈飞牌面包车。在试验开始前，检测车辆运转正常，行驶性能良好，油料充足，能保障试验顺利进行。

（2）TES-1330A 型照度计

光照强度是指物体被照亮的程度，采用单位面积所接受的光通量来表示，其单位为勒克斯（lx）。专门用来测量光照强度的仪器就叫照度计，又称勒克斯计。照度计通常是由硒光电池（或硅光电池）和微安表构成，其工作原理较为简单。当光线照射到硒光电池表面时，入射光透过金属薄膜到达半导体硒层和金属薄膜的分界面上，在界面上产生光电效应，也就产生了电位差。电位差的大小与光电池受光表面上的照度有一定的比例关系，通过外接电路与以勒克斯（x）为刻度的微安表相接即可测得光照强度。照度计及其工作原理见图 6.14。本试验采用的是由台湾泰仕公司生产出口的 TES-1330A 照度计，其具有准确度高、反应速度快的特点。该照度计的测量范围为 20~20 000lx，同时具有读值锁定和液晶显示功能，测量方便、快捷、准确。照度计将用于测量夜间行人过街处的照度值。为了准确测量人行横道处的光照，试验前应做到熟练使用照度计。

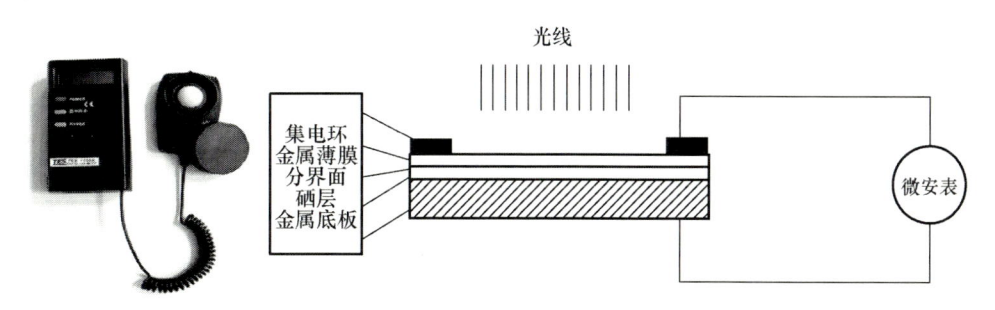

图 6.14 照度计（TES-1330A）及其工作原理

（3）录像机

录像机用于记录试验车辆前方道路状况和驾驶人试验中大声报告的内容，便于试验结束后分析道路交通情况及前方过街行人信息等。

（4）秒表

秒表用于记录驾驶人报告发现过街行人时刻和车辆匀速行驶至行人过街处的时刻，二者之差即为驾驶人视认距离内车辆行驶时间。车辆速度与该时间的乘积即为驾驶人对过街行人的视认距离。

6.3.4 试验步骤

1) 采用照度计对试验路段上每个路段人行横道进行照度测量,测量方法见图 6.15。选择车辆行进的道路一侧,在人行横道上选择 5 个特征点。5 个点均匀地分布于路缘线与路中线之间。对每个点处的照度进行采集,并计算行人过街处的平均照度。按照各人行横道平均照度情况选定具有代表性的横道 6 处。

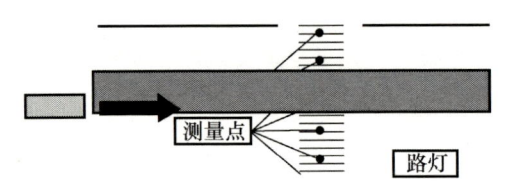

图 6.15 路段人行横道处光照强度测量方法示意

2) 在选定的 6 处人行横道处安排模拟过街行人,要求过街行人静止站立于人行横道 1/4 或者 2/4 处,每轮测试的位置可随机变换,避免驾驶人形成记忆,在还未看到过街行人时就猜测判断,进而对试验结果产生干扰。

3) 驾驶人启动汽车,按照预定的行驶路线和速度 v 匀速行驶。在此过程中驾驶人应该集中注意力,切忌和记录员随意交谈,以避免分散注意力。同时,坐在副驾驶座位的 1 号记录员打开录像机,正对着车辆前方开始录像。

4) 在行驶过程中,当驾驶人发现并辨别出人行横道处模拟过街行人时立即报告,然后继续保持速度 v 匀速行驶;2 号记录员在听到报告的同时立即按下秒表开始计时(该时刻点记为 t_1)。当驾驶人看清过街行人衣服颜色时向记录员报告颜色,并说明目标过街行人衣服颜色,2 号记录员在听到报告的同时按下秒表(该时刻点为 t_2),3 号记录员记下目标行人衣服颜色。

5) 当车辆匀速行驶到人行横道处时,驾驶人立即大声报告到达;2 号记录员在听到报告后立即按下秒表暂停计时(该时刻点记为 t_3),并将前后三个时刻报告给 3 号记录员;3 号记录员记下时间,并完善调查表格内容。计算驾驶人视认距离的公式为 $S=v(t_2-t_1)$,试验方案详见图 6.16。

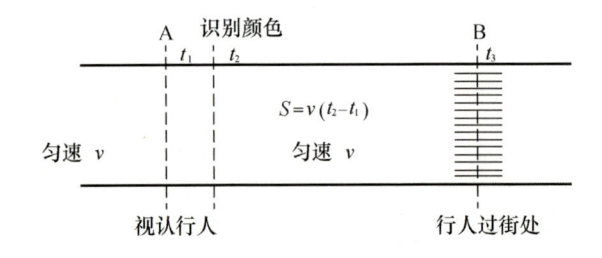

图 6.16 路段人行横道处驾驶人视认距离试验示意

6) 在夜间选定时间段进行视认试验,起始车速为 20 km/h,驾驶人保持该速度行进,并分别对 6 处人行横道行人进行视认;之后以 10km/h 为步长递增速度,重复步骤 3)~5);最高测试速度为 80km/h。

第 7 章

驾驶人夜间视认距离与车速的关系

第 7 章 驾驶人夜间视认距离与车速的关系

本章在采集到的驾驶人昼夜对过街行人视认距离数据基础之上,对比分析驾驶人昼夜视认环境及视认距离的差异,同时选取合适的夜间照明设计指标,在此基础上分析不同光照条件下驾驶人夜间视认距离随行车速度的变化规律,进而构建出不同光照条件下视认距离与车速的关系模型。

7.1 驾驶人昼夜视认环境及视认距离对比

夜间是城市道路交通事故的高发时段。夜间交通事故呈现出死伤率高、破坏力强和危害性大的特点。与昼间相比,夜间道路交通环境较为复杂,由于自然光线极差、道路照明不良,驾驶人行车视线受到极大限制,交通事故频发,人民生命财产受到较大损失。究其根本原因是昼夜光照条件、道路交通环境差异太大,使夜间驾驶人视认特性受到诸多限制,对前方道路交通情况判断失误,来不及采取有效措施避免事故的发生。由此可知,分析夜间驾驶人视认距离与车速关系应从分析昼夜视认环境和视认距离差异入手。

7.1.1 昼夜视认环境对比

从驾驶人角度出发,视认环境是指由人、车、路及夜间交通环境构成的影响驾驶人视认的大环境,是一个由多因素构成的复杂系统。为了反映昼夜视认环境的客观差异,对哈尔滨市嵩山路、黄河路、十字街、马瑞街、宣庆街、海河路、华山北路和辽河路等主要道路展开昼夜环境差异调查,从路段昼夜光照环境、交通量、汽车平均行驶速度及过街行人流量特征变化等方面进行对比分析。

1. 光照条件差异

正常情况下,昼间自然光线充足、光照均匀,无需人工照明(主要指路灯照明)。驾驶人在自然光照环境下,视野较为开阔,具有较好的视觉环境,行车轻松舒适,能够及时对行车过程中出现的突发情况做出反应。

与此相对应,由于夜间自然光线不足、光照条件较差,城市道路需设置人工照明设施,但人工照明的光照强度不如昼间且分布极不均匀。对比昼夜城市道路光照环境发现,夜间行车过程中道路环境总是忽明忽暗,给驾驶人正常视觉造成一定的干扰。这种光照环境不利于驾驶人对前方过街行人或障碍物的视认。据调查,夜间在道路照明设施正常开启的情况下,各试验路段的平均光照强度最高为91lx,最低为5lx。夜间各调查路段平均照度值见图7.1。

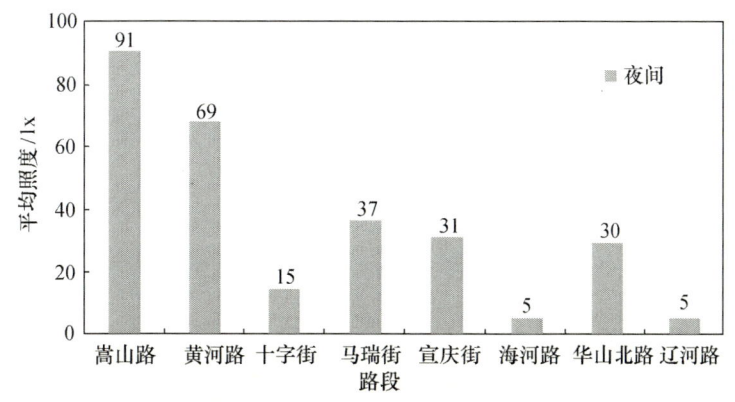

经调查统计分析，昼间天气晴朗的条件下，各试验路段光照强度均超过 100 000lx，且自然光照非常均匀，不存在忽明忽暗的现象；即使在多云的阴天，光照强度也高达 10 000lx，完全能够满足正常的视认要求。

2. 交通量差异

昼间是居民出行活动的活跃时段，由于上下班、购物或访友等众多因素，交通量能够始终保持在较高的水平。而夜间大部分居民则在家休息，出行活动量骤减，道路交通量也显著降低，此时昼间处于拥堵状态的道路也能够畅通无阻。道路饱和度是反映道路服务水平和拥堵程度的重要指标，故为了说明调查路段昼夜交通量的区别，可以选取道路饱和度及交通状态来描述。在调查时段（昼间时段为 10：00～12：00，夜间时段为 20：00～22：00）内对各路段展开交通量调查，经计算各路段昼夜道路饱和度分布情况见图 7.2。

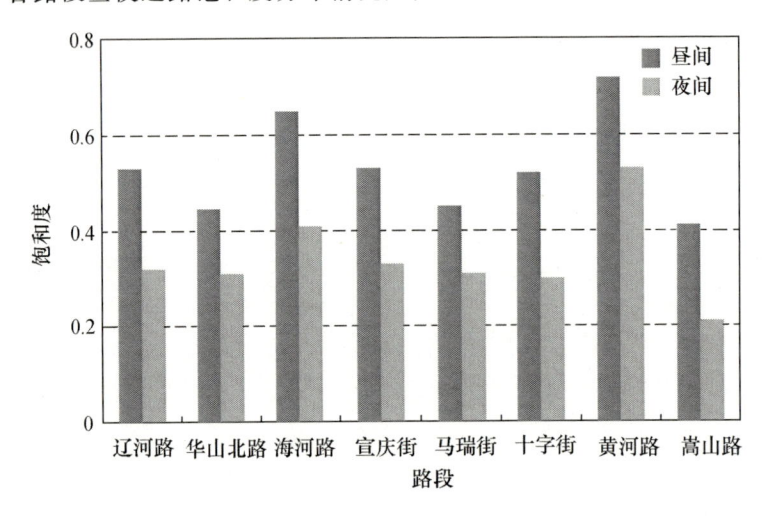

图 7.2 调查路段昼夜道路饱和度

对图 7.2 分析可知，昼间各路段交通量明显高于夜间，其中部分路段饱和度较高，呈"稍微拥堵"状态，交通干扰较大，车辆难以保持自由速度行驶；而夜间各调查路段交通量下降明显，各道路车辆均能保持自由流速度行驶。昼夜间交通量的显著差异对驾驶人视认也造成了一定的干扰。昼间交通量较大，驾驶人集中注意力避让前后行驶的车辆，压力较大，对过街行人的视认明显不足；与之相对，夜间交通量降低，车辆间的相互干扰已不是最主要的矛盾，驾驶人可以集中注意力对前方过街行人及障碍物进行视认和辨别。

3. 行车速度差异

昼间城市道路交通量较大，车辆行驶速度较低；夜间随着交通量的降低，车辆行驶速度也显著提高。各调查路段昼夜间行车速度见图 7.3。从图中可以看出，在所调查的各条道路中昼间最高行车速度只有 45km/h，最低速度 30km/h，夜间各路段最高行车速度达到了 60km/h。各路段昼夜行车速度差值最高接近 20km/h。相关研究表明，随着行车速度的提高，驾驶人视野范围逐渐缩小，注意力将向视野前方集中，此时容易忽视视线两边的过街行人，对过街行人的安全极为不利。由于夜间车速提高加上光照条件不好，这种现象将更加突出，其具体表现为驾驶人夜间视认距离显著降低。

4. 过街行人流量差异

夜间车流量与过街行人流量均明显减少，且夜间出行的行人中中青年人的比例较大，行人

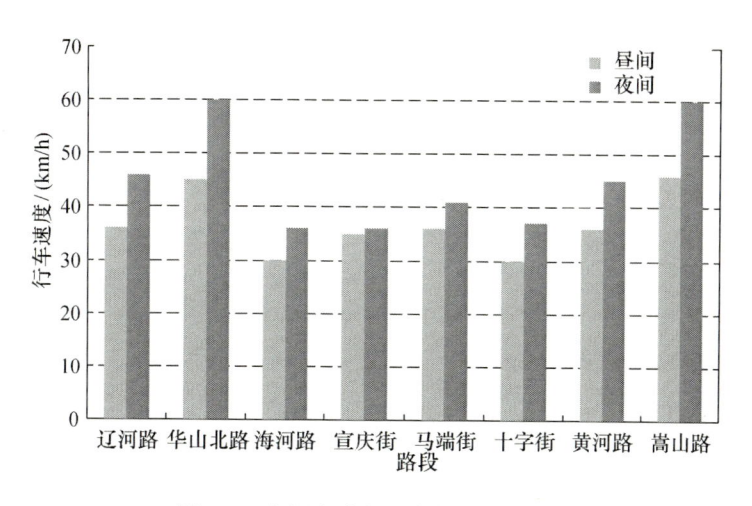

图 7.3　各调查路段昼夜行车速度对比

过街时步行速度较快,在光照不足的条件下,驾驶人也很难准确判断过街行人的动机,加大了驾驶人对过街行人的视认难度,不利于过街行人的安全。对哈尔滨黄河路路段人行横道处昼夜过街行人流量展开调查,调查路段人行横道过街行人流量分布见图 7.4。

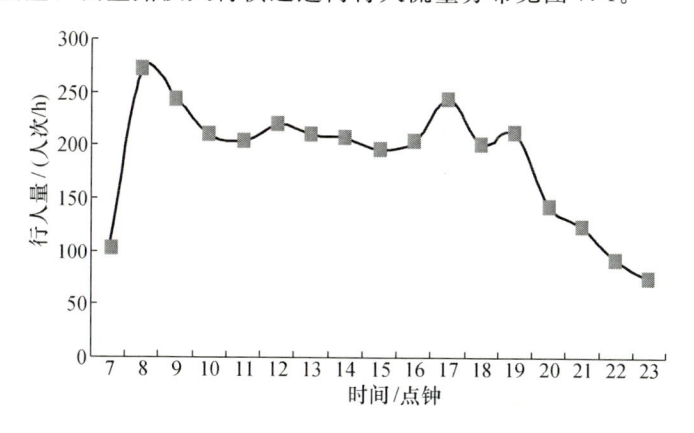

图 7.4　路段人行横道过街行人流量

调查结果表明,在早上 8 时和下午 17 时,过街行人流量有较大增长,形成了两个山峰,原因可能是上下班行人增多,使过街流量增大。晚上 19 时后,过街行人流量逐步下降。由此可知,与昼间相比,夜间过街行人流量降低显著。

7.1.2　昼夜视认距离对比

从驾驶人昼夜视认环境对比分析可知,与昼间相比较,夜间视认环境存在的差异主要表现在夜间光照条件差、路段交通流量减小、汽车行车速度提高和过街行人组成改变及行人流量降低等,夜间环境因素对驾驶人夜间视认特性的影响使得驾驶人对过街行人的昼夜视认距离有较大差异。

1. 定性分析

分析昼夜驾驶人视认环境影响因素可知,光照环境的巨大差异是造成驾驶人昼夜视认特征变化的根本原因。昼间光照环境是由自然光线构造的,光照强度大且极为均匀,驾驶人眼睛舒适感较好,视觉特征非常稳定,对过街行人的视认效果较好。夜间光照环境是由人工照明设施提供的,人造光线的颜色及柔和度都不及自然光线,且照明设施投射光线的范围有限,使不同地点或位置的光照强度差异显著。这些客观存在的差异对驾驶人视觉必然造成一定的干扰,使其对过街行人的视认效果大打折扣。与昼间相比,夜间驾驶人视觉特征受到光照条件的严格限制,夜间对过街行人的视认距离必然显著降低。

2. 不同行车速度下昼夜视认距离对比分析

在不同行车速度下,驾驶人昼夜视认距离有所不同。通过汇总分析调查采集的昼夜视认距离数据,可以得到昼夜视认距离对比情况,见表7.1、图7.5和图7.6。表7.1中驾驶人昼间视认距离是在天气晴朗、交通情况良好的条件下采集到的,是不同测试组的平均值;夜间视认距离是在夜间天气晴朗、交通干扰较小的情况下采集到的,是各种光照条件下不同速度视认距离的平均值。

对结果分析可知,驾驶人对过街行人的昼夜视认距离差异表现在以下几点:

1) 总体对比分析,驾驶人昼夜视认距离差异非常显著,昼间视认距离远高于夜间视认距离。昼间平均视认距离为275m,而夜间平均视认距离仅148m,夜间比昼间平均降低46%。经过对哈尔滨市有夜间驾驶经验的出租车和客车司机进行询问调查,发现试验数据分析结果与驾驶人的主观感受是相吻合的。

2) 横向对比分析,从表7.1中的数据来看,相同行车速度下夜间视认距离比昼间小。当行车速度为20 km/h时,夜间驾驶人视认距离降低幅度最大,约为51%;当行车速度为60 km/h时,夜间视认距离降低幅度最小,约为41%。从低速度到较高速度的降低百分比看,夜间视认距离降低百分比值分布均匀,说明夜间驾驶人视认距离主要受到光照条件的影响,符合客观实际。

3) 纵向对比分析,随着汽车行驶速度的逐步提高,驾驶人昼夜视认距离均逐步降低。从昼间和夜间视认距离折线图可以看出,昼间视认距离折线斜率较大,受行车速度影响较大;夜间视认距离折线斜率较小,受行车速度影响要稍小。当汽车行驶速度为20 km/h时,昼间和夜间视认距离均为最大值,此时昼间视认距离约为357 m,夜间视认距离约为174 m;当汽车行驶速度为60 km/h时,昼间和夜间视认距离均为最小值,此时昼间视认距离约为201 m,夜间视认距离约为118 m。

总之,汽车行驶速度对驾驶人昼夜视认距离的影响均显著。

表7.1 驾驶人昼夜视认距离总体对比分析

行车速度/(km/h)	昼间/m	夜间/m	降低百分比/%
20	357	174	51
30	301	165	45
40	279	150	46
50	239	130	46
60	201	118	41
平均值	275	148	46

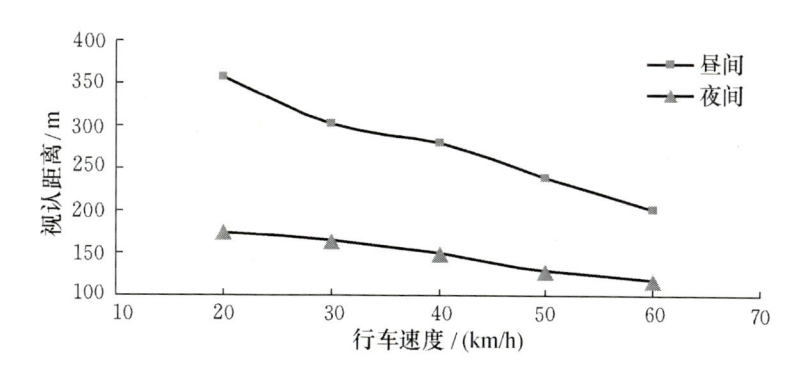

图 7.5 驾驶人昼夜视认距离对比分析

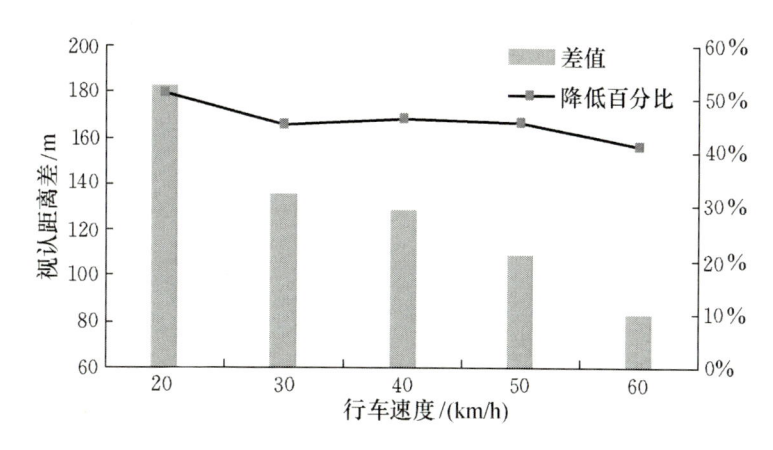

图 7.6 驾驶人昼夜视认距离差值

3. 不同颜色昼夜视认距离对比分析

不同的颜色对驾驶人的视觉刺激明显不同。颜色在道路交通标志标线中的应用设计十分广泛,世界各国交通标志都是根据不同颜色的不同刺激作用而设计的。相关研究表明,红色能使人产生强烈的危险感,在道路交通中广泛应用于危险性大、法制性最高的禁令标志;黄色能使人产生明亮感或警戒感,主要用于注意危险的警告类标志;蓝色或绿色使人产生和平感或宁静感,主要用于指示和指路类标志。驾驶人对身着不同颜色衣服的过街行人的视认特征存在一定的差异。在进行驾驶人昼夜视认试验前,调查询问了多名具有多年驾驶经验的驾驶人,均认为过街行人衣着颜色对驾驶人视认有一定的影响,特别是昼间,衣服颜色鲜艳的过街行人容易被驾驶人视认;而夜间行人衣服颜色对驾驶人的影响主要表现在颜色的反光性能上。白色或浅颜色反光性能好,更容易被驾驶人视认;黑色或深颜色反光性能差,不易被驾驶人视认。

通过汇总分析试验采集的昼夜视认距离数据,可以得到驾驶人对不同颜色视认距离对比情况,见表 7.2、图 7.7 和图 7.8,表 7.2 中的驾驶人对不同颜色昼夜视认距离均为在目标处于静止状态时采集到的。昼间目标颜色较好辨认,在较远距离就能够予以区别或确认;夜间目标颜色分辨较为困难,在较远距离只能区别目标明暗,不能区别目标颜色细节。表 7.2 中不同颜色的夜间视认距离均为区别出颜色细节后的距离。

表 7.2　　　　　　　　　　驾驶人对不同颜色昼夜视认距离对比

颜色	昼间/m	夜间/m	降低值/m	降低百分比/%
黑色	271	43	228	84
蓝色	284	67	216	76
红色	314	68	247	79
黄色	294	78	216	73
白色	260	84	176	68
平均值	285	68	217	76

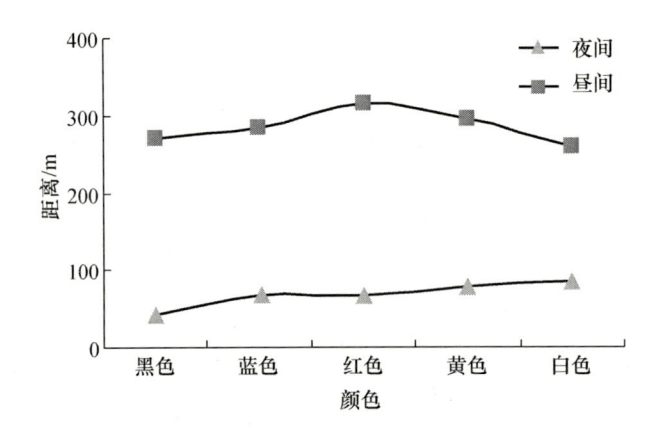

图 7.7　昼夜对不同颜色视认距离对比分析

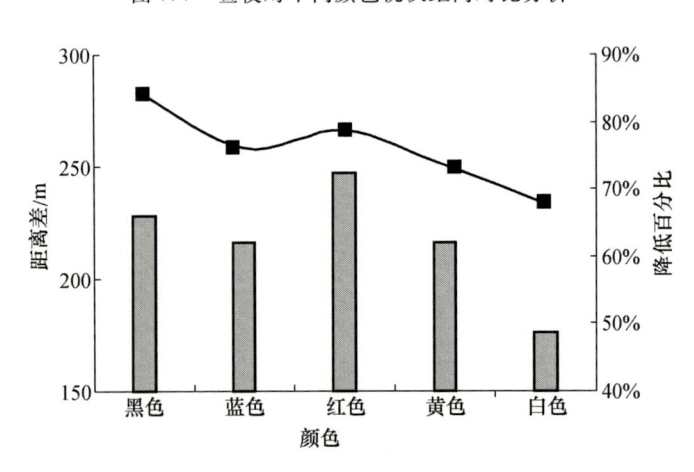

图 7.8　昼夜对不同颜色视认距离差值

经对比分析可知，驾驶人对不同颜色目标的昼夜视认距离的差异主要体现在以下几点：

1) 总体分析可知，昼间驾驶人对颜色的敏感程度显著高于夜间，不同的颜色刺激能够使驾驶人产生不同的心理情感，这体现了颜色的独特魅力。夜间驾驶人对颜色的细节不敏感，在较远距离只能区分明暗，不能区分颜色，驾驶人对目标颜色的视认距离极小。由此可见，夜间颜色对驾驶人的刺激作用显著小于昼间。

2) 横向对比分析，昼间驾驶人对各种颜色的视认距离均处于较高水平。昼间将颜色按照视认距离由大到小的顺序进行排列，为红色、黄色、蓝色、黑色和白色。红色的视认距离最大，约为 314m，其次为黄色；白色的视认距离最小，约为 260m。从直观分析看来，昼间颜色越深，视认距离越大。

3) 与昼间相比，夜间不同颜色的视认距离有较大差异。夜间将颜色按照视认距离由大到小的顺序进行排列，为白色、黄色、红色或蓝色、黑色。白色的视认距离最大，约为 84m，其次为黄色；红色和蓝色视认距离相当；黑色视认距离最小，仅约为 43m。从直观分析看来，夜间颜色越浅，视认距离越大；颜色越深，越不易视认。

4) 与昼间相比，夜间驾驶人对不同目标颜色的视认距离降低明显，平均降低百分比为 76%。对不同颜色的视认距离降低百分比按照由大到小的顺序进行排列，为黑色、红色、蓝色、黄色和白色。黑色目标的视认距离降低百分比最大，约为 84%；其次为红色，降低值约为 79%；白色的降低百分比最小，约为 68%。这进一步证明夜间目标颜色细节对驾驶人刺激作用不显著，颜色明暗对驾驶人的视认影响较为显著。

从驾驶人昼夜视认距离对比分析可知，夜间光照、汽车行驶速度及过街行人衣服颜色均对夜间驾驶人视认距离产生了一定的影响，故需要对驾驶人夜间视认距离与不同光照条件、汽车行驶速度及行人特征的关系展开进一步研究。

7.2 不同照明条件下视认距离随车速变化的规律

通过 7.1 节驾驶人昼夜视认环境及距离对比分析可知，夜间视认环境与昼间的最大区别就是照明条件有根本性的差异，即由昼间均匀柔和的自然光线转变为夜间昏黄刺眼的人造光线。为进一步深入研究夜间驾驶人视认距离变化规律，可对视认距离进行单因素影响分析。本节将在选取照明设计指标后，对不同照明条件下的驾驶人对过街行人的视认距离随车速变化的规律进行分析。

7.2.1 照明设计指标选取

城市道路照明既是城市夜景的重要组成部分，也是城市居民出行安全的重要保障。道路照明为驾驶人和行人构造了一个适宜的光照环境，让驾驶人在行车过程中能够辨认出道路前方的各种交通情况，从而保证了夜间正常行车要求和过街行人的交通安全，可见夜间城市道路照明具有十分重要的作用和意义。

我国于 2007 年 7 月 1 日正式实施了新版城市道路照明行业标准——《城市道路照明设计标准》（以下简称《标准》）。《标准》将机动车道路照明按照不同的道路等级，即快速路与主干路、次干路和支路，划分为三个照明等级，同时构建了道路照明评价指标体系，并规定了照明指标标准值。

国际照明委员会和世界上多数国家都采用以亮度为依据制定的照明标准。但鉴于我国国情，现阶段仍采用两套照明评价体系，即亮度评价体系和照度评价体系。亮度照明评价体系指标主要包括路面平均亮度、路面亮度总均匀度最小值、纵向均匀度最小值；而照度评价体系指标主要包括路面平均照度、照度均匀度最小值。眩光限制阈值增量最大初始值和环境比最小值为两套评价系统的共同指标。由于国内实际条件限制，现阶段我国仍然普遍采用照度评价体系，其标准值见表 7.3。

表 7.3　　　　　　　　　　　　　机动车交通道路照明标准

等级	道路类型	路面照度 平均照度 E_{av}/lx 维持值	路面照度 均匀度 U_E 最小值	眩光限制阈值增量 T_1（%）最大初始值	环境比 SR 最小值
Ⅰ	快速路与主干路	20/30	0.4	10	0.5
Ⅱ	次干路	10/15	0.35	10	0.5
Ⅲ	支路	8/10	0.3	15	—

在此应该注意的是，表 7.3 中所列的平均照度值仅适用于干燥的沥青路面。由于水泥路面反光性能较好，其平均照度值可在此标准上相应降低 1/3 左右。表中对每一级道路的平均亮度和平均照度都给出了高低两档标准值。低档值在"/"的左侧，另一值为高档值。该表中的标准值是针对各等级城市道路的路段而言的，是路段光照强度及亮度的控制指标，能够较好地评价路段的照明水平。

本研究是针对路段行人过街处即路段人行横道处的行车速度和照明情况，与整个路段相比较，其范围较小，为路段的局部区域。经调查询问多名具有夜间驾驶经验的驾驶人，均反映路段人行横道处良好的照明条件是正确视认过街行人的关键。因此，本研究不能采用机动车道路照明标准，该标准对局部区域的照度评价并不合适。为了保证夜间驾驶人对过街行人的视认，《标准》也对人行横道处照明标准做出了规定，要求该处平均水平照度不得低于人行横道所在道路的 1.5 倍，且人行横道应增设附加灯具，并防止对驾驶人造成眩光影响。

从表 7.3 中可知，《标准》对城市快速路照明指标也做出了规定。快速路是城市道路交通的骨干线路，是城市的交通大动脉，为了使车辆能够保持较快的运行速度，快速路与其他道路相交时一般采用立体交叉，行人过街采用天桥或地下通道，不存在路段人行横道，因此快速路路段行人过街情况理论上并不存在，故在本文中将不予考虑。综上所述，在本文研究范围内不同等级道路路段人行横道处的照明标准见表 7.4。

表 7.4　　　　　　　　　　　各级道路路段人行横道处的照明标准

等级	道路类型	路面照度 平均照度 E_{av}/lx 维持值	路面照度 均匀度 U_E 最小值
Ⅰ	主干路	30/45	0.4
Ⅱ	次干路	15/23	0.35
Ⅲ	支路	12/15	0.3

相关研究表明，在天气晴朗、路面干燥（雨水路面几乎没有漫反射，即漫反射系数约为零）的情况下，路面平均照度换算系数（指当路面亮度为 $1cd/m^2$ 时的路面平均照度值）：沥青路面为 15lx，混凝土路面为 10lx。可见在这种情况下，路面平均照度和亮度成正比。本研究中的夜间试验均在天气条件良好的情况下进行，故采用平均光照照度和照度均匀度指标足以说明路段人行横道处的照明情况。

人行横道处照度测量采用第 6 章介绍的方法。人行横道处平均光照强度指 5 个特征点光照强度的平均值;照度均匀度指最小照度与平均照度之比。

7.2.2 不同光照强度下的视认距离变化规律

虽然我国对城市道路照明条件按照不同道路等级做出了相应规定,但通过查阅相关文献发现,许多城市不同等级道路照明设施未能完全按照标准值进行设计或执行,路段人行横道处照明情况差异也较大。经过对哈尔滨市各路段照明调查,也证明了这种情况的存在。可见,人行横道处的光照强度究竟多大才比较合适,《标准》与实施者之间也存在较大分歧。

根据研究需要并结合表 7.4 的标准值,对选定的哈尔滨市江北区世纪大道、天翔街和天元街等路段上的 6 个具有代表性的人行横道展开实车试验。6 个路段人行横道光照强度均不同。将采集到的路段人行横道光照强度进行统计分析,并按照平均光照强度由大到小的顺序排列,见表 7.5。

表 7.5　　试验测试的路段人行横道光照强度分布情况

人行横道编号	测点照度值/lx					平均光照强度/lx	照度均匀度
	1 号	2 号	3 号	4 号	5 号		
1	368	175	113	51	43	150	0.29
2	142	125	81	77	66	98	0.67
3	170	129	61	30	20	82	0.24
4	74	73	55	39	40	56	0.69
5	48	63	40	30	30	42	0.71
6	5	13	24	35	37	23	0.22

参与此 6 处路段人行横道过街行人视认试验的驾驶人共 8 名,试验前视力测试均表现正常。车辆行驶速度从 20km/h 开始,每轮以 10km/h 为步长逐步增加至 80km/h,每名驾驶人测试 7 轮,8 名驾驶人共测试 56 轮,测得不同光照条件和不同速度下的驾驶人视认距离样本数据共 336 个。对每种光照条件下的驾驶人视认距离与车速关系进行作图分析,绘制的散点图见图 7.9~图 7.14。

下面将从不同光照条件下驾驶人对过街行人的视认距离与车速的总体规律、视认距离与车速的线性相关性、影响显著性以及相同条件下不同驾驶人视认距离的离散性等方面进行分析。

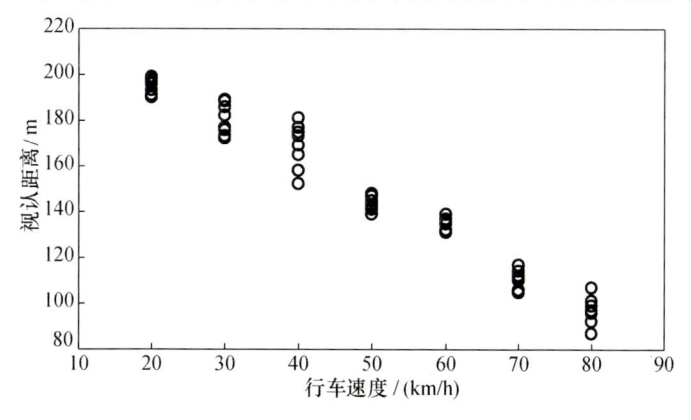

图 7.9　$E_{av}=150$lx 时散点分布

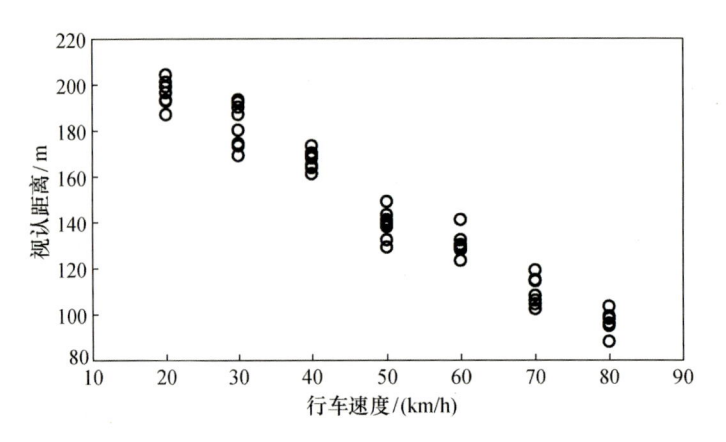

图 7.10　$E_{av}=98lx$ 时散点分布

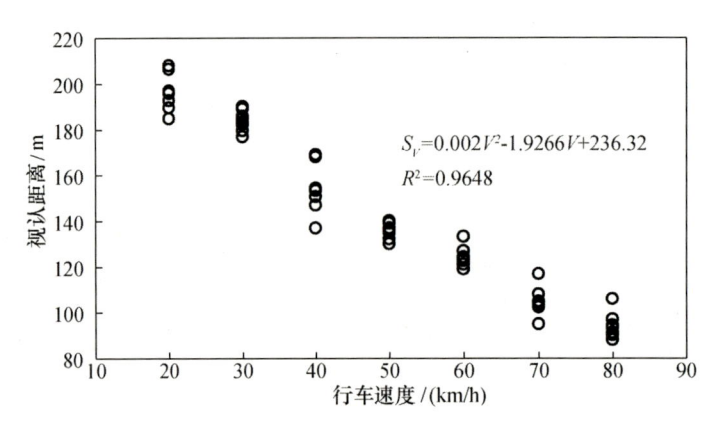

$S_V=0.002V^2-1.9266V+236.32$
$R^2=0.9648$

图 7.11　$E_{av}=82lx$ 时散点分布

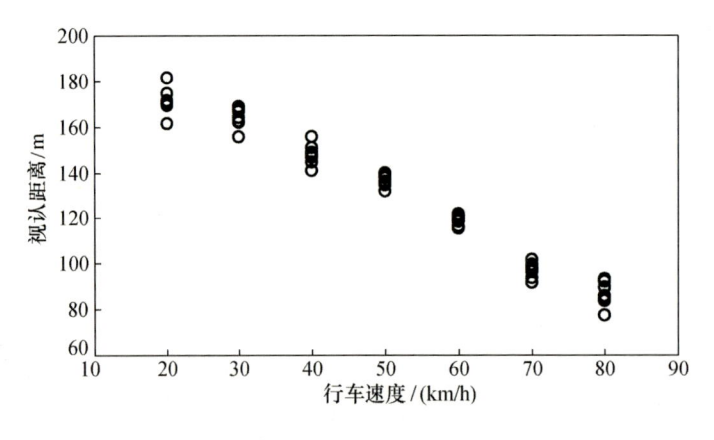

图 7.12　$E_{av}=56lx$ 时散点分布

1. 总体规律

从图 7.9~图 7.14 的视认距离与车速散点分布情况分析看来，不同光照条件下的驾驶人对过街行人的视认距离与车度关系都遵从这样一个规律，即随着汽车行驶速度的逐步递增，驾驶人对过街行人的视认距离总是逐步降低的。进一步分析发现，行车速度对驾驶人视认距离的总

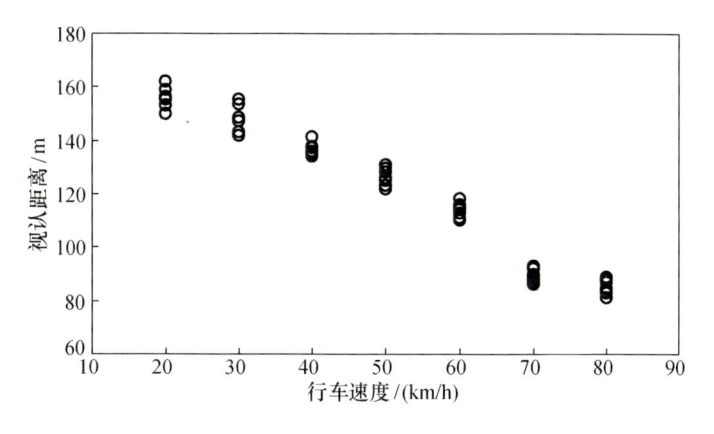

图 7.13　$E_{av}=42\mathrm{lx}$ 时散点分布

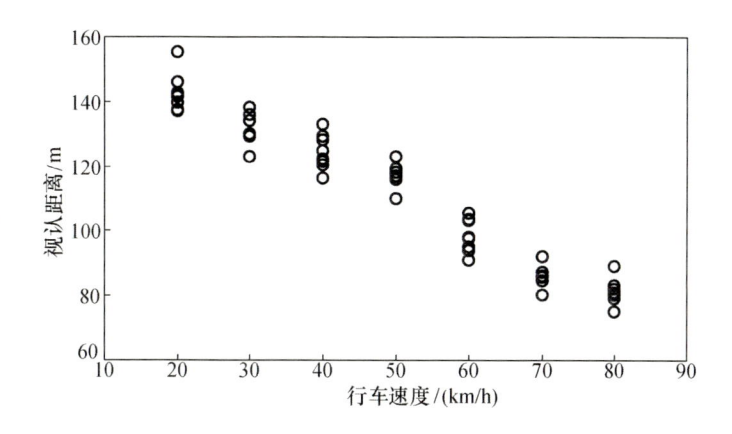

图 7.14　$E_{av}=23\mathrm{lx}$ 时散点分布

体影响是稳定的，各光照条件下的视认距离随行车速度的下降趋势基本一致。因此，从直观上就能够判定，不同光照条件下驾驶人对过街行人的视认距离与行车速度是显著相关的。

2. 不同光照条件下视认距离与速度的相关分析

相关分析是分析客观事物之间关系的数量分析方法，从而能够衡量两个或多个变量因素的相关密切程度。

相关系数是用来衡量两个变量相关密切程度的量，它以数值的方式精确反映了两个变量之间相关的强弱程度。相关系数用 r 表示，其取值范围为 $-1\sim +1$。相关系数 r 不同的取值具有不同的含义：当 $r>0$ 时，表明两个变量之间存在正的相关关系；当 $r<0$ 时，表明两个变量间存在负的相关关系；当 $r=1$ 时，说明两个变量之间存在完全正的相关关系；当 $r=-1$ 时，两个变量为完全负的相关关系；当 $r=0$ 时，这两个变量没有相关关系；当 $|r|>0.8$ 时，说明两个变量之间存在较强的相关关系；当 $|r|<0.3$ 时，说明两个变量间的相关关系相对来说比较弱。利用 SPSS 统计分析软件，对不同光照条件下驾驶人视认距离与行车速度的相关系数进行计算，结果见表 7.6。

从表中相关系数结果可以看出，夜间不同光照条件下驾驶人对过街行人的视认距离与行车速度存在较强的负的相关关系。相关系数 r 能够对两个变量之间的关系做出初步判断，但由于存在试验样本量较少和随机性等问题，相关系数不能作为显著线性相关的判断，需要通过显著线性相关假设检验来进一步推断。当显著性检验概率 $P < \alpha$（$\alpha = 0.05$），说明两个变量之间存在显著的相关关系。从表 7.6 中的分析结果可知，夜间各光照条件下驾驶人视认距离与行车速度存在显著的负的相关关系。

表 7.6　　　　不同光照条件下驾驶人视认距离与行车速度相关性分析结果

不同光照条件 E_{av}/lx	视认距离与行车速度相关系数 r	显著性检验 P 值
150	−0.98	0.00
98	−0.98	0.00
82	−0.97	0.00
56	−0.99	0.00
42	−0.98	0.00
23	−0.97	0.00

3. 不同光照条件下不同速度的驾驶人视认距离离散性分析

在不同光照条件下，同一速度的不同驾驶人的视认距离有较大的差别，展现在散点图上就呈现出高低不同的散点，其离散性可通过该速度下的方差大小来分析。不同光照条件下不同速度的视认距离方差分析如图 7.15～图 7.20 所示。

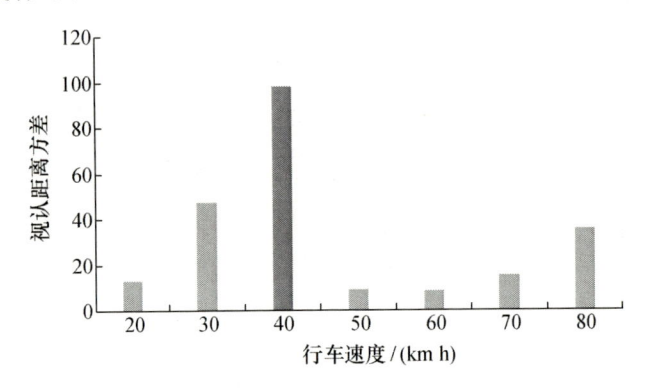

图 7.15　$E_{av} = 150\text{lx}$ 时方差分析

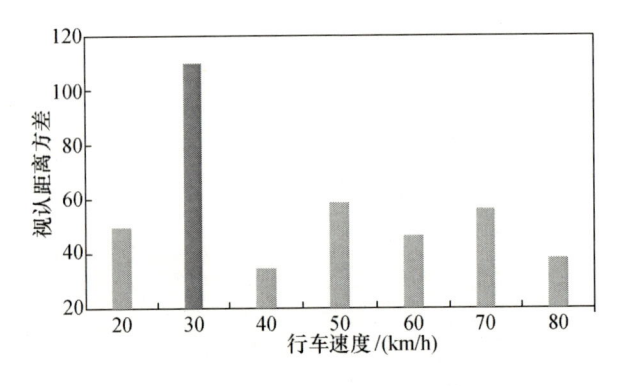

图 7.16　$E_{av} = 98\text{lx}$ 时方差分析

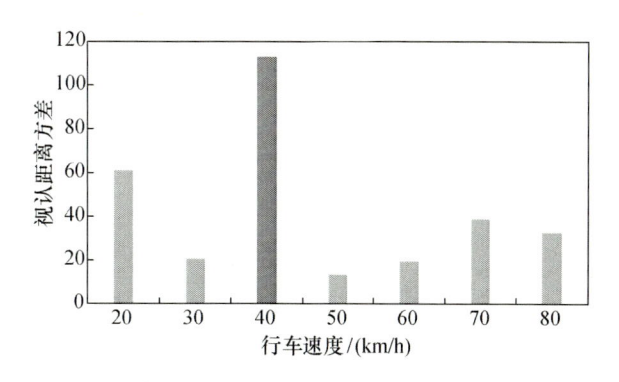

图 7.17　$E_{av}=82$lx 时方差分析

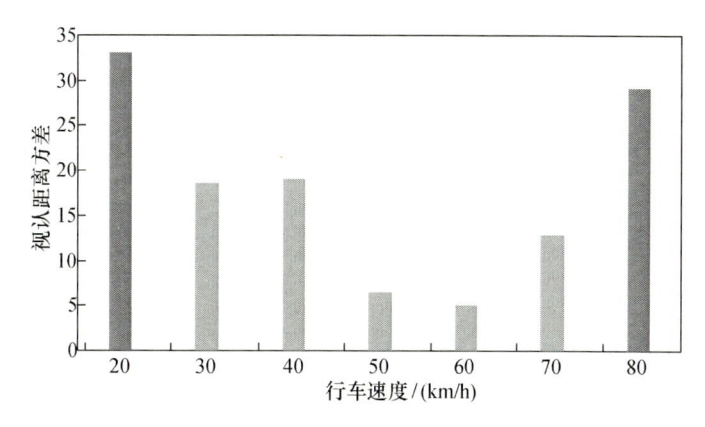

图 7.18　$E_{av}=56$lx 时方差分析

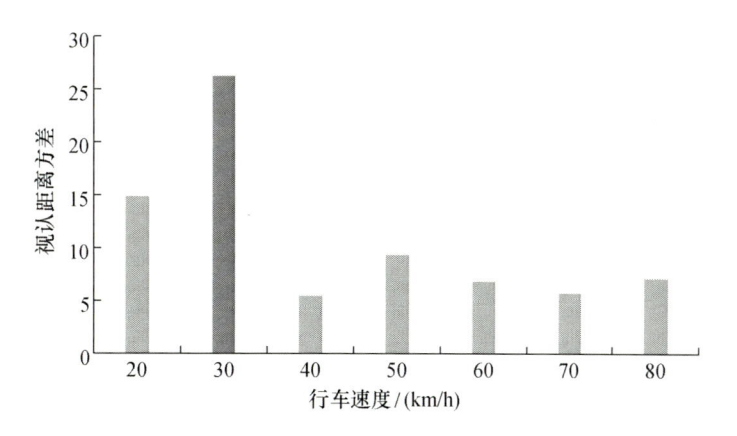

图 7.19　$E_{av}=42$lx 时方差分析

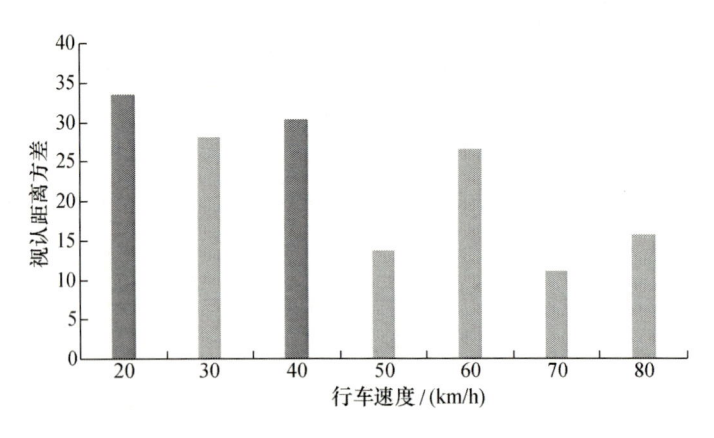

图 7.20　$E_{av}=23\text{lx}$ 时方差分析

综上所述，在不同光照条件下驾驶人对过街行人的视认距离与汽车行驶速度呈显著的负的相关性，即随着汽车行驶速度的逐步增大，驾驶人对过街行人的视认距离逐渐降低；在较低光照强度与较低行车速度下，驾驶人对过街行人的视认特征较为稳定；在高照度、低速度和高照度、高速度的条件下驾驶人对过街行人的视认特征受到较大的干扰，稳定性稍差。

7.3　不同光照强度下的视认距离与车速的关系模型

7.3.1　视认距离与车速关系模型猜测

根据 7.2 节对不同光照条件下驾驶人视认距离与车速规律分析可知，视认距离与行车速度呈显著的负相关性。为了找到最恰当的模型来描述视认距离与车速之间的关系，需要对二者之间的模型形式进行猜测，然后进行参数标定，最后才能选出最优的模型。

在此设夜间驾驶人对过街行人的视认距离为 S_v，汽车行驶速度为 v，人行横道处夜间平均照度为 E。猜测驾驶人视认距离与速度模型形式为以下 7 种，即线性函数、二项式、逆模型、幂函数、复合模型、指数函数和对数函数，如表 7.7 所示，其中 a、b、c 均为待标定的参数或者常数。

表 7.7　夜间驾驶人视认距离与车速关系 7 种猜测模型

序号	模型形式	可能的关系模型
1	线性函数	$S_v = a \cdot v + c$
2	二项式	$S_v = a \cdot v^2 + b \cdot v + c$
3	逆模型	$S_v = a \cdot \dfrac{1}{v} + c$
4	幂函数	$S_v = a \cdot v^b$
5	复合模型	$S_v = a \cdot b^v$
6	指数函数	$S_v = a \cdot e^{bv}$
7	对数函数	$S_v = a\ln(v) + c$

7.3.2 视认距离与车速关系模型构建

利用 SPSS 统计分析软件对不同光照条件下的驾驶人视认距离与车速的 7 种模型的参数标定,比较相关系数的平方(R^2)后选择最优模型并绘出拟合图形。

1. 光照强度 $E_{av}=150$ lx

光照强度 $E_{av}=150$ lx 时,不同模型参数的标定见表 7.8。

表 7.8　　$E_{av}=150$ lx 时驾驶人视认距离与车速关系模型标定

序号	模型	a	b	c	R^2
1	线性函数	−1.668	—	230.7	0.966
2	二项式	−0.0030	−1.387	224.8	0.967
3	逆模型	2469	—	86.74	0.800
4	幂函数	942.1	−0.493	—	0.871
5	复合模型	257.93	0.988	—	0.952
6	指数函数	257.9	−0.012	—	0.952
7	对数函数	−71.28	—	419.4	0.917

从表 7.8 中的各参数可以看出,7 种模型的拟合度均较高,R^2 均大于 0.8,其中有 5 种模型的 R^2 达到了 0.9 以上。比较各种模型的 R^2 值发现,线性函数和二项式函数极为接近,但二项式函数模型略高,回归模型见式(7.1),拟合图见图 7.21。

$$S_v = -0.0030v^2 - 1.387v + 224.8, \qquad R^2 = 0.967 \tag{7.1}$$

式中,S_v——夜间驾驶人视认距离,m;

v——行车速度,km/h。

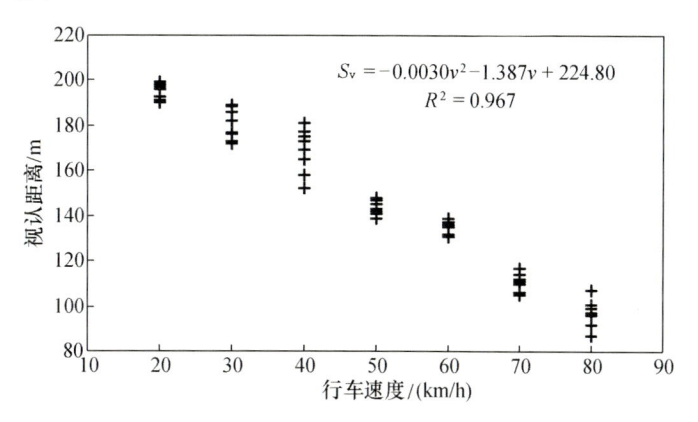

图 7.21　$E_{av}=150$ lx 时二项式拟合

2. 光照强度 $E_{av}=98$ lx

光照强度 $E_{av}=98$ lx 时,不同模型参数的标定见表 7.9。

表 7.9　　　　　　$E_{av}=98$ lx 时驾驶人视认距离与车速关系模型标定

序号	模型	a	b	c	R^2
1	线性函数	−1.723	—	232.0	0.964
2	二项式	0.002	−1.927	236.3	0.965
3	逆模型	2589	—	82.33	0.823
4	幂函数	1008	−0.514	—	0.893
5	复合模型	260.0	0.988	—	0.961
6	指数函数	260.0	−0.120	—	0.961
7	对数函数	−74.24	—	429.3	0.930

从表 7.9 中各参数可看出，7 种模型的拟合度也很高，R^2 均大于 0.9 的有 5 种模型。比较模型 R^2 值发现线性函数、二项式函数、复合模型和指数函数模型极为接近，但二项式函数模型仍为最优，回归模型见式 (7.2)，拟合图见图 7.22。

$$S_v = 0.0020v^2 - 1.927v + 236.3, \qquad R^2 = 0.965 \tag{7.2}$$

3. 光照强度 $E_{av}=82$ lx

光照强度 $E_{av}=82$ lx 时，不同模型参数的标定见表 7.10。从表 7.10 中各参数可以看出，R^2 大于 0.9 的模型有 5 种，其中二项式函数、复合模型和指数函数模型的 R^2 值最为接近，复合模型和指数模型的 R^2 值相同。这里选择指数函数模型为该光照条件下的最优模型，回归模型见式 (7.3)，拟合图见图 7.23。

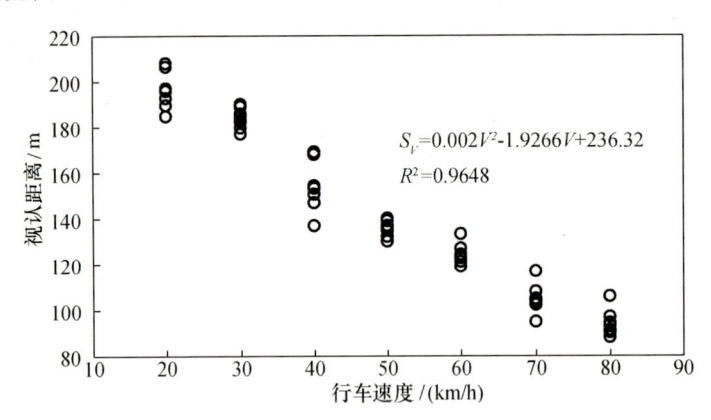

图 7.22　$E_{av}=98$ lx 时二项式拟合

表 7.10　　　　　　$E_{av}=82$ lx 时驾驶人视认距离与车速关系模型标定

序号	模型	a	b	c	R^2
1	线性函数	−1.770	—	230.3	0.956
2	二项式	0.008	−2.604	247.82	0.962
3	逆模型	2725	—	74.89	0.857
4	幂函数	1094	−0.544	—	0.915
5	复合模型	259.1	0.987	—	0.963
6	指数函数	259.1	−0.013	—	0.963
7	对数函数	−77.19	—	436.5	0.895

第 7 章 驾驶人夜间视认距离与车速的关系

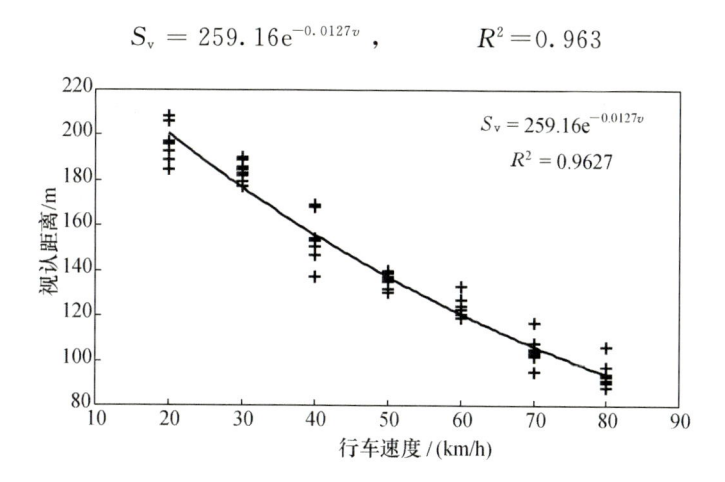

$$S_v = 259.16e^{-0.0127v}, \qquad R^2 = 0.963 \tag{7.3}$$

图 7.23 $E_{av}=82$ lx 时指数拟合

4. 光照强度 $E_{av}=56$ lx

光照强度 $E_{av}=56$ lx 时，不同模型参数的标定见表 7.11。

表 7.11　　$E_{av}=56$ lx 时驾驶人视认距离与车速关系模型标定

序号	模型	a	b	c	R^2
1	线性函数	−1.484	—	203.6	0.971
2	二项式	−0.006	−0.873	190.69	0.976
3	逆模型	2150	—	76.63	0.771
4	幂函数	846.6	−0.500	—	0.853
5	复合模型	229.2	0.988	—	0.950
6	指数函数	229.2	−0.012	—	0.950
7	对数函数	−62.80	—	369.1	0.904

从表 7.11 中各参数可以看出，逆模型在各模型中拟合度最差，幂函数稍好。其他 5 个模型的 R^2 均大于 0.9。经对比，选择二项式函数模型为该光照条件下的最优模型，回归模型见式 (7.4)，拟合图见图 7.24。

$$S_v = -0.006v^2 - 0.873v + 190.69, \qquad R^2 = 0.976 \tag{7.4}$$

图 7.24　$E_{av}=56$ lx 时二项式拟合

5. 光照强度 $E_{av} = 42$ lx

光照强度 $E_{av} = 42$ lx 时，不同模型参数的标定见表 7.12。从表 7.12 中各参数可以看出，逆模型、对数模型和幂函数拟合度较差，线性模型和二项式模型拟合度相当。经对比，选择二项式函数模型为该光照条件下的最优模型，回归模型见式（7.5），拟合图如图 7.25 所示。

$$S_v = -0.006v^2 - 0.664v + 166.6, \qquad R^2 = 0.968 \tag{7.5}$$

表 7.12　　$E_{av} = 42$ lx 时驾驶人视认距离与车速关系模型标定

序号	模型	a	b	c	R^2
1	线性函数	−1.225	—	184.9	0.962
2	二项式	−0.006	−0.664	166.6	0.968
3	逆模型	1814	—	77.62	0.760
4	幂函数	653.3	−0.445	—	0.846
5	复合模型	203.8	0.989	—	0.940
6	指数函数	203.8	−0.011	—	0.940
7	对数函数	−53.01	—	324.5	0.892

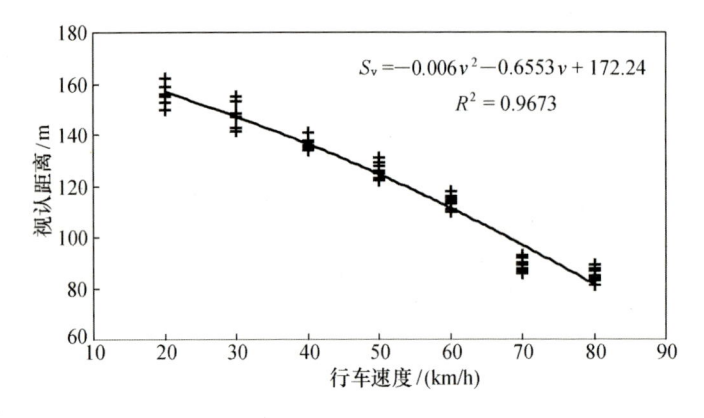

图 7.25　$E_{av} = 42$ lx 时二项式拟合

6. 光照强度 $E_{av} = 23$ lx

光照强度 $E_{av} = 23$ lx 时，不同模型参数的标定见表 7.13。

表 7.13　　$E_{av} = 23$ lx 时驾驶人视认距离与车速关系模型标定

序号	模型	a	b	c	R^2
1	线性函数	−1.081	—	165.8	0.941
2	二项式	−0.002	−0.870	161.32	0.943
3	逆模型	1593	—	72.62	0.772
4	幂函数	540.2	−0.418	—	0.857
5	复合模型	179.9	0.990	—	0.933
6	指数函数	179.9	−0.010	—	0.933
7	对数函数	−46.10	—	287.7	0.889

从表 7.13 中各参数可以看出，在此光照条件下，逆模型、对数模型和幂函数拟合度较差，

线性模型和二项式模型拟合度相当。经对比，选择二项式函数模型为该光照条件下的最优模型，回归模型见式（7.6），拟合图如图 7.26 所示。

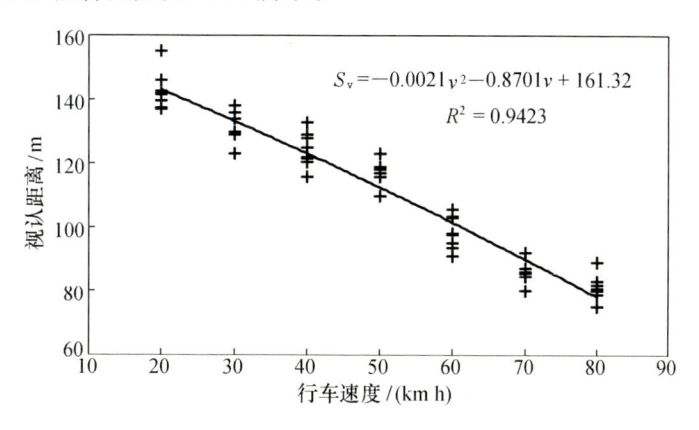

图 7.26　$E_{av}=23$ lx 时二项式拟合

$$S_v=-0.002v^2-0.870v+161.32, \qquad R^2=0.943 \qquad (7.6)$$

综上所述，不同光照条件下的驾驶人视认距离与行车速度的 7 种回归模型中，线性模型和二项式函数模型对二者关系拟合度较好，且二项式函数模型二次项系数均较小。

第 8 章

驾驶人夜间视认距离与光照强度的关系

良好的照明条件是夜间驾驶人及时发现前方过街行人或障碍物的前提。城市路段人行横道照明质量以平均光照强度来表征，其与驾驶人视认距离存在一定的联系。本章以试验数据为基础，统计分析不同等级车速下的驾驶人视认距离随平均光照强度的变化规律，并给出相应的定量关系模型，为夜间路段行车速度限制值的研究提供理论依据。

8.1 夜间车速等级划分

从第 7 章中昼夜行车速度差异分析可知，由于夜间车流量减少，道路行车速度有显著提高。但由于道路等级、道路线形和交通控制等各不相同，各路段夜间行车速度也存在较大差异。为了便于研究不同行车速度下的驾驶人视认距离随平均光照强度的变化规律，有必要对夜间车速进行等级划分。

8.1.1 按道路等级划分

《城市道路工程设计规范》（以下简称《规范》）将城市道路按其在道路网中的地位、承担的交通功能和对沿线的服务功能划分为四个等级，即快速路、主干路、次干路和支路，并按照各等级道路交通要求制定了不同的设计速度，见表 8.1。从表中的各等级道路设计速度可以看出，道路级别越低，采用的设计速度也就越小。从另一角度看，《规范》间接对道路行车速度进行了等级划分，分析各等级道路速度可知，低速保持在 40km/h 以内，中速分布在 50km/h 左右，高速分布在 60km/h 以上。

表 8.1　　　各级城市道路设计速度

道路类别	快速路			主干路			次干路			支路		
设计速度/(km/h)	100	80	60	60	50	40	50	40	30	40	30	20

然而道路设计速度是根据道路条件（主要指道路线形、路面状况及附属设施）规定的安全行车速度，其和道路上车辆实际运行速度存在较大区别。实际运行速度往往高于道路设计速度，需要通过实地车速调查确定。可见，对《规范》间接划分的车速等级要进行修正。

8.1.2 按调查车速划分

为了进一步准确划分夜间车速等级，对哈尔滨市各主次干路夜间车辆行驶速度展开调查。通过采用路段行程车速调查方法，采集了多个路段的车辆平均运行速度。对调查的运行车速数据分析发现，与昼间相比，夜间车辆行驶速度显著提高，车辆行驶时基本能够保持自由行驶状态。路段车速调查结果分析见图 8.1 和图 8.2。从两个分析图可以看出，夜间城市道路车辆行驶速度主要集中在 50~60km/h，所占比例达到了 50%；车速低于 40km/h 的路段所占比例约为 30%；车速高于 60km/h 的路段所占比例仅 20% 左右。从以上结果分析，宜将夜间低速划为 40km/h 及以下，中速为 40~60km/h（不包括 40km/h），高速为 60km/h 以上（不包括 60km/h）。

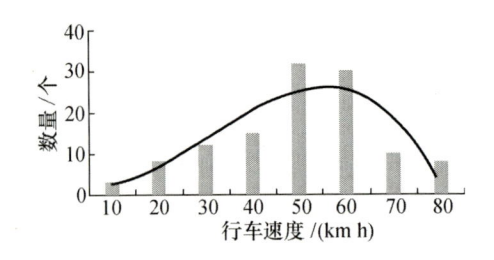

图 8.1 夜间调查路段车速统计

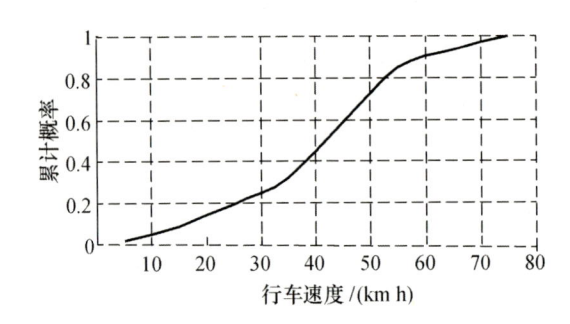

图 8.2 夜间车速分布累计概率

综合上述分析结果，确定夜间车速等级，见表 8.2。

表 8.2 车速等级划分

车速等级	车速范围/(km/h)
低速	$v \leqslant 40$
中速	$40 < v \leqslant 60$
高速	$v > 60$

8.2 不同车速等级下视认距离随光照强度的变化规律

依据上述对车速等级划分的结果，分别对不同车速等级下的驾驶人对过街行人的视认距离随照度变化的规律进行分析。

8.2.1 低速等级下视认距离随照度变化的规律

在实车试验中，满足低速等级的试验车速有 20km/h、30km/h 和 40km/h。现分别将各车速下的驾驶人视认距离随平均光照强度的变化绘制成散点图，见图 8.3～图 8.5。

1. 总体规律

从低速条件下驾驶人对过街行人的视认距离与平均光照强度的散点分布情况分析来看，随着平均光照强度的逐步增长，视认距离也逐渐增大。在低速状态下，平均光照强度为 20～80lx 时，驾驶人视认距离随平均光照强度的增长速率较快。在此之后随着平均光照强度的增长，视认距离增长速率逐渐放缓，在 20km/h 时甚至出现了降低的趋势。这说明夜间光照对视认距离的影响增长到一定程度后，其作用就趋于稳定，此时即使再提高光照强度，驾驶人视认距离的增

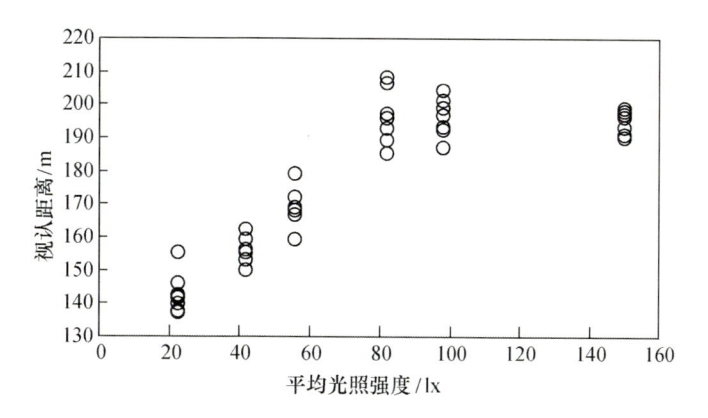

图 8.3　$v=20$km/h 时散点分布

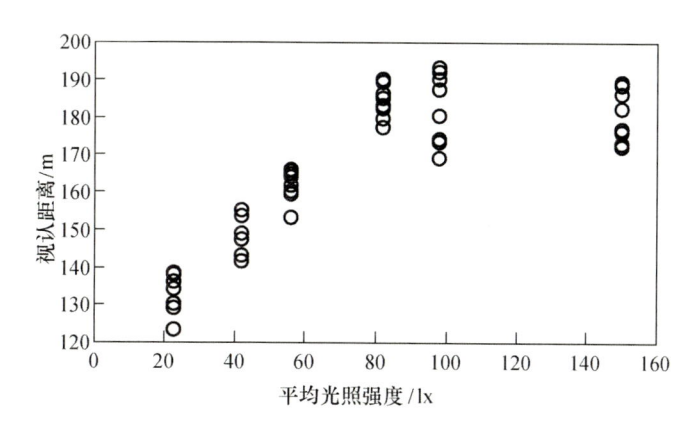

图 8.4　$v=30$km/h 时散点分布

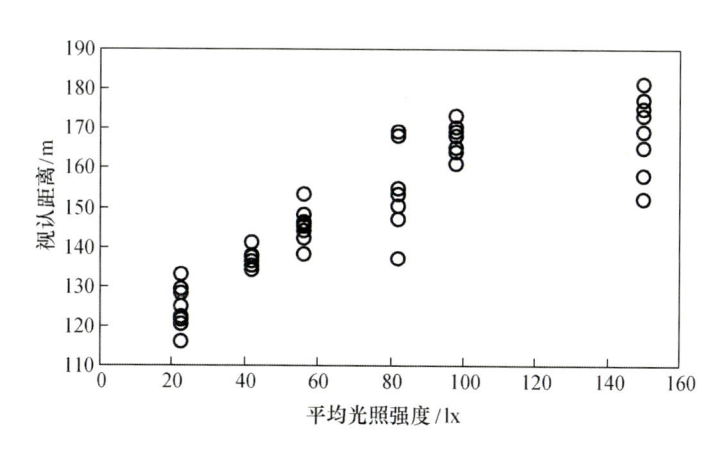

图 8.5　$v=40$km/h 时散点分布

长也将十分有限。

2. 低速条件下视认距离与平均光照强度的相关分析

从各散点图中的散点分布情况直观分析来看，视认距离与平均光照强度存在较强的相关性，对二者相关系数进行计算，可定量判定二者的相关程度。与此同时，由数理统计理论知识可知，当显著性水平 $\alpha=0.05$，$p<\alpha$ 时，即可说明控制变量对观测变量产生了显著影响。相关系数和

显著性检验结果见表 8.3。

表 8.3　　低速条件下视认距离与光照强度相关系数及显著性检验结果

行车速度/(km/h)	相关系数 r	显著性检验 P 值
20	0.834	0.00
30	0.795	0.00
40	0.865	0.00

从表中相关性系数 r 值和单因素方差分析结果可知，在行车速度为 20km/h 和 40km/h 时，二者相关系数 $|r|>0.8$，说明驾驶人对过街行人的视认距离与平均光照强度存在较强的正的相关性，平均光照强度的改变对视认距离的影响显著。当行车速度为 30km/h 时，二者相关系数 $r=0.795$，即说明在此行车速度下二者的相关关系稍弱。

3. 低速条件下驾驶人视认距离离散性分析

对不同光照强度下的驾驶人视认距离离散性分析可以看出不同光照强度下驾驶人视认特征稳定性表现。低速行车条件下，驾驶人视认距离方差分析见图 8.6～图 8.8。

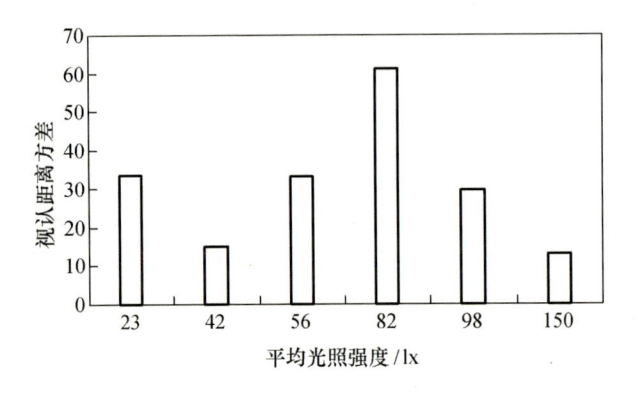

图 8.6　$v=20$km/h 时方差分析

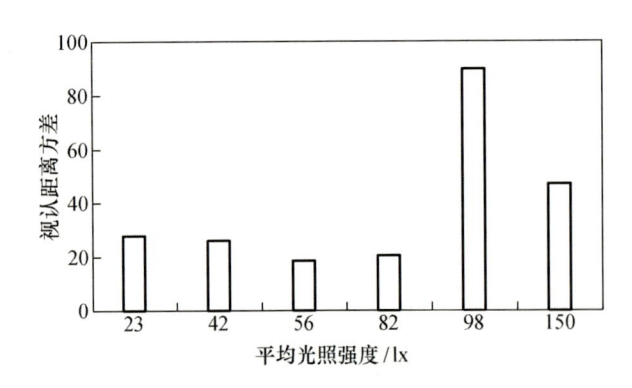

图 8.7　$v=30$km/h 时方差分析

从方差分析图来看，低速行车条件下，当光照强度较高时，驾驶人视认距离方差普遍较高，离散性较大，可见较高的光照强度对驾驶人视认特征产生了较大干扰。

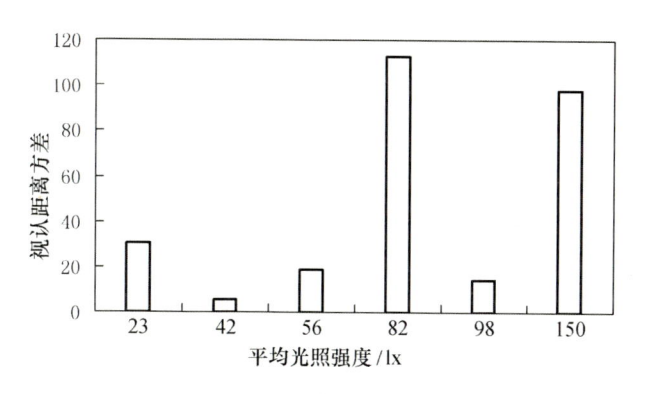

图 8.8　$v=40$km/h 时方差分析

8.2.2　中速等级下视认距离随照度变化的规律

试验车速满足中速等级的有 50km/h 和 60km/h。将各车速下的样本数据绘制成散点图，见图 8.9 和图 8.10。

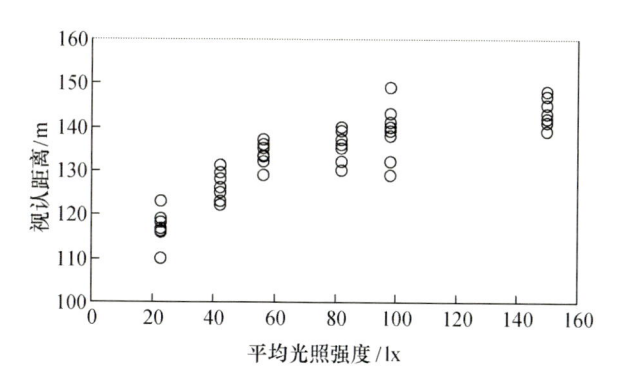

图 8.9　$v=50$km/h 时散点分布

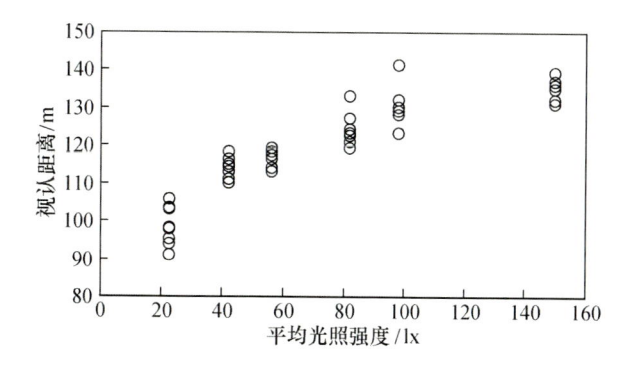

图 8.10　$v=60$km/h 时散点分布

1. 总体规律

从图 8.9 和图 8.10 直观分析来看，两个行车速度下的驾驶人视认距离都随着平均光照强度的增长而增大。与低速行车条件下的规律相类似，在较低光照强度下，视认距离随平均光照强度的增长较快，但是其范围有所缩小，如在车速为50km/h时，其范围为20~60lx；随着平均光照强度越来越大，驾驶人视认距离逐步趋于稳定，增长较慢。从散点分布情况看，中速条件下驾驶人视认距离与平均光照条件的关系比低速条件下强。

2. 中速条件下视认距离与平均光照强度的相关分析

计算中速条件下驾驶人视认距离与行车速度相关系数，并进行显著性检验，结果见表8.4。从表中数据分析来看，中速条件下，视认距离与平均光照强度相关系数 r 均大于0.8，说明二者呈较强的正的线性相关；单因素方差分析结果显示，平均光照强度的改变对驾驶人视认距离有显著影响。

表8.4　中速条件下视认距离与光照强度相关系数及显著性检验结果

行车速度/(km/h)	相关系数 r	显著性检验 P 值
50	0.848	0.00
60	0.893	0.00

3. 中速条件下驾驶人视认距离离散性分析

对此车速等级的不同光照强度下驾驶人视认距离进行方差分析，见图8.11和图8.12。可以看出，在中速条件下，驾驶人视认距离方差均较小，说明在此车度等级下驾驶人受到外界的干扰较小，其视认特征发挥比较稳定。进一步对方差值进行横向比较发现，中等车速下，光照强度较高时驾驶人视认距离离散度较大，这是由于随着行车速度的提高，较强的光照使驾驶人感受到了路灯的眩光，但不同体质的驾驶人的眩目感受有差别，进而使视认距离波动较明显。但随着光照强度进一步提高，较高的眩光使驾驶人的视认特征又趋于一致，离散度下降。

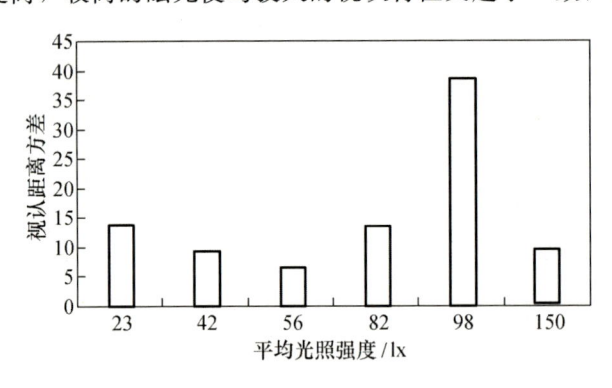

图8.11　$v=50$km/h时方差分析

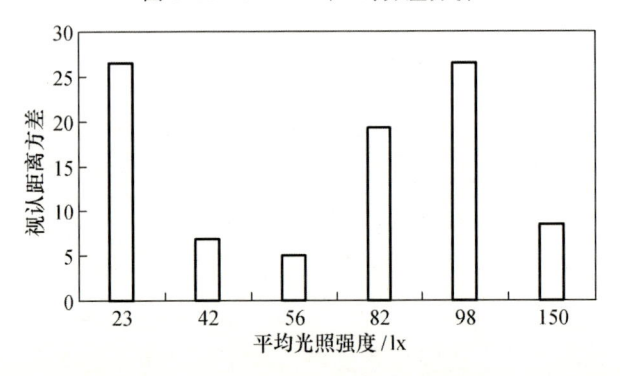

图8.12　$v=60$km/h时方差分析

8.2.3 高速等级下视认距离随照度变化的规律

试验中满足高速等级的车速有70km/h和80km/h。采用类似分析方法，将数据绘成散点图，见图8.13和图8.14。

1. 总体规律

从散点图分析看来，高速行车时视认距离随平均光照强度的变化规律仍然遵从低速和中速条件下的总体趋势，即随着平均光照强度的提高，视认距离也逐步增大。但与低速和中速条件下相比，这种增长趋势的显著性逐渐减弱。

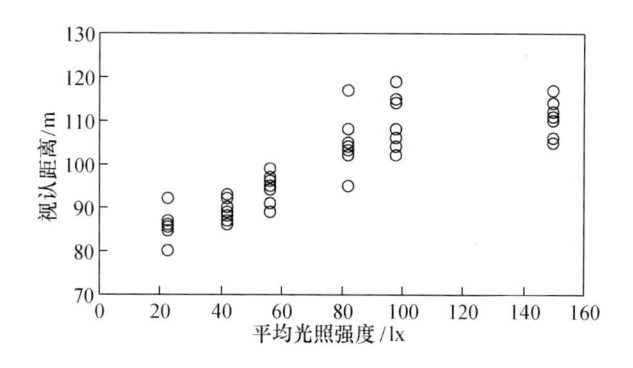

图8.13　$v=70$km/h时散点分布

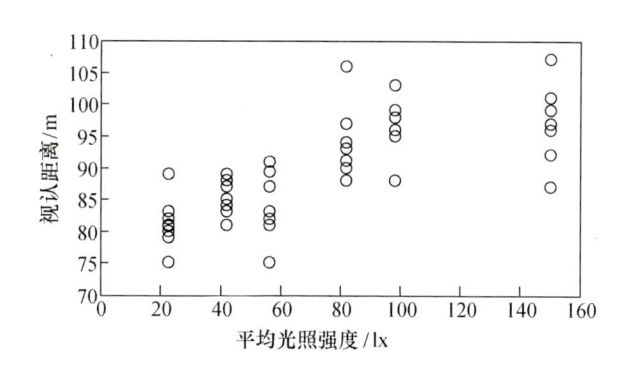

图8.14　$v=80$km/h时散点分布

2. 高速条件下视认距离与平均光照强度的相关分析

计算高速条件下驾驶人视认距离与行车速度相关系数，并进行显著性检验，结果见表8.5。从表中数据分析来看，高速条件下，视认距离与平均光照强度相关系数r与低速和中速相比都有所降低，但二者相关性仍然较好；显著性检验结果显示，平均光照强度的改变对驾驶人视认距离有显著影响。

表8.5　高速条件下视认距离与光照强度相关系数及显著性检验结果

行车速度/(km/h)	相关系数 r	显著性检验 P 值
70	0.823	0.00
80	0.746	0.00

3. 高速条件下驾驶人视认距离离散性分析

采用与低速、中速条件下的类似分析方法，将高速条件下驾驶人视认距离方差分布绘制成柱状图，见图 8.15 和图 8.16。从方差分析图可以看出，在高速条件下驾驶人视认距离的离散性较大，表明高速行车条件下各驾驶人视认特征差异体现得非常明显，使驾驶人有眩目感受的光照强度也进一步降低。

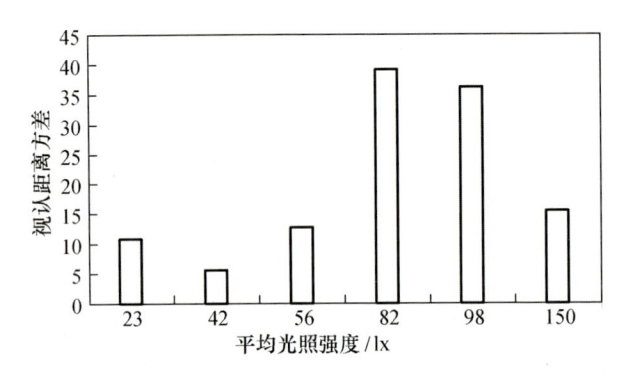

图 8.15　$v=70\text{km/h}$ 时方差分析

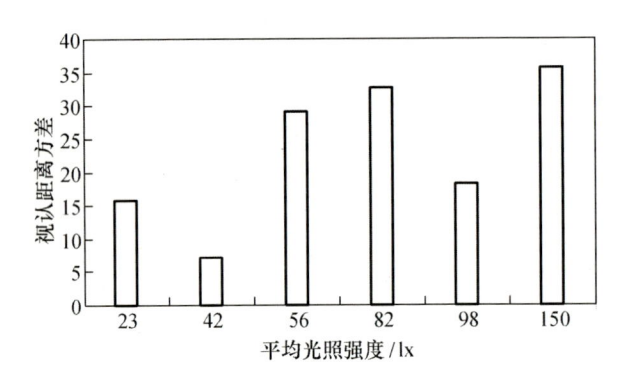

图 8.16　$v=80\text{km/h}$ 时方差分析

综上所述，在不同行车速度下，驾驶人对过街行人的视认距离总是随着人行横道处平均光照强度的提高而增大的。当光照强度增大到一定值后，视认距离增长将变得十分缓慢，甚至还可能降低。行车速度越高，能使驾驶人眼睛产生眩目感受的光照强度值也越来越小。

8.3　不同车速等级下的视认距离与照度关系模型

8.3.1　视认距离与照度模型猜测

据 8.2 节不同速度等级下驾驶人视认距离随平均光照强度的变化规律，对二者之间的关系模型进行猜测。猜测二者存在的关系为线性函数、对数模型、二项式函数、指数模型、幂函数、逆模型 6 种形式。设夜间驾驶人对过街行人的视认距离为 S_v，汽车行驶速度为 v，人行横道处夜间平均照度为 E，6 种模型形式见表 8.6。

表 8.6　　夜间驾驶人视认距离与平均光照强度的 6 种猜测关系模型

序号	模型形式	可能的关系模型
1	线性函数	$S_v = a \cdot E + c$
2	二项式	$S_v = a \cdot E^2 + b \cdot E + c$
3	逆模型	$S_v = a \cdot \dfrac{1}{E} + c$
4	幂函数	$S_v = a \cdot E^b$
5	指数函数	$S_v = a \cdot e^{bE}$
6	对数函数	$S_v = a\ln(E) + c$

8.3.2　低速等级下视认距离与照度模型

采用 SPSS 软件对不同行车速度下的关系模型参数进行标定，从中选择能说明二者关系的最优模型，标定结果见表 8.7～表 8.9。

表 8.7　　$v=20$km/h 时驾驶人视认距离与平均光照强度关系模型参数标定

序号	模型	a	b	c	R^2
1	线性函数	0.443	—	142.59	0.697
2	二项式	−0.006	1.513	107.53	0.915
3	逆模型	−1599	—	206.5	0.807
4	幂函数	77.509	0.196	—	0.851
5	指数函数	143.6	0.003	—	0.696
6	对数函数	33.206	—	38.131	0.840

从表 8.7 中各模型 R^2 比较可知，当行车速度为 20km/h 时，二项式函数、幂函数和对数函数拟合度较高，其中二项式拟合度最高达到 0.915，故选择二项式函数为最优模型，见式（8.1），拟合图见图 8.17。

$$S_v = -0.006E^2 + 1.513E + 107.53, \qquad R^2 = 0.915 \qquad (8.1)$$

式中，S_v——夜间驾驶人视认距离，m；

E——人行横道处平均光照强度，lx。

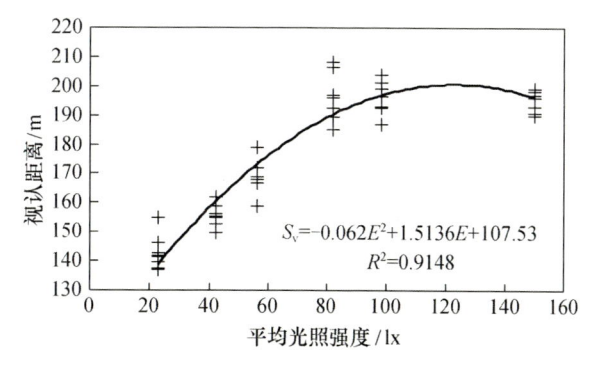

图 8.17　$v=20$km/h 时二项式拟合

表 8.8　$v=30$ km/h 时驾驶人视认距离与平均光照强度关系模型参数标定

序号	模型	a	b	c	R^2
1	线性函数	0.391	—	135.24	0.633
2	二项式	−0.006	1.486	99.36	0.899
3	逆模型	−1487	—	193.0	0.817
4	幂函数	74.046	0.191	—	0.817
5	指数函数	135.740	0.003	—	0.632
6	对数函数	30.069	39.827	—	0.806

同上，选择二项式函数模型为行车速度为 30km/h 下的最优模型，见式（8.2），拟合图见图 8.18。

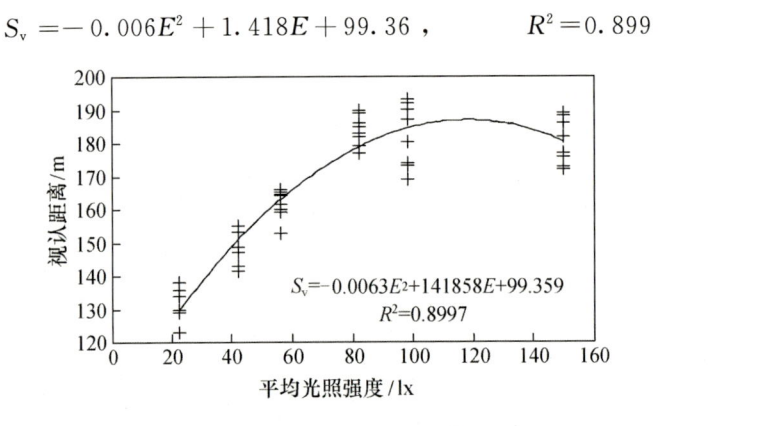

$$S_v = -0.006E^2 + 1.418E + 99.36, \quad R^2 = 0.899 \tag{8.2}$$

图 8.18　$v=30$ km/h 时二项式拟合

表 8.9　$v=40$ km/h 时驾驶人视认距离与平均光照强度关系模型参数标定

序号	模型	a	b	c	R^2
1	线性函数	0.358	—	122.39	0.749
2	二项式	−0.003	0.900	104.60	0.842
3	逆模型	−1203	—	172.2	0.750
4	幂函数	71.853	0.175	—	0.837
5	指数函数	123.720	0.002	—	0.742
6	对数函数	25.591	43.075	—	0.824

同上，选择二项式函数模型为行车速度为 40km/h 下的最优模型，见式（8.3），拟合图见图 8.19。

$$S_v = -0.003E^2 + 0.900E + 104.60, \quad R^2 = 0.842 \tag{8.3}$$

综合以上分析，二项式函数模型对低速条件下的驾驶人视认距离与光照强度关系拟合最好。

8.3.3　中速等级下视认距离与照度模型

采用 SPSS 软件对不同行车速度下的关系模型参数进行标定，从中选择能说明二者关系的最优模型，标定结果见表 8.10 和表 8.11。

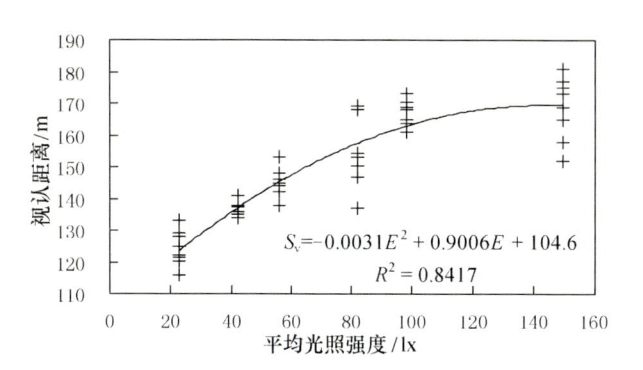

第 8 章 驾驶人夜间视认距离与光照强度的关系

图 8.19　$v=40$km/h 时二项式拟合

表 8.10　$v=50$km/h 时驾驶人视认距离与平均光照强度关系模型参数标定

序号	模型	a	b	c	R^2
1	线性函数	0.191	—	118.17	0.719
2	二项式	−0.002	0.509	107.75	0.826
3	逆模型	−681.8	—	145.6	0.811
4	幂函数	84.467	0.108	—	0.827
5	指数函数	118.49	0.002	—	0.706
6	对数函数	14.044	—	74.277	0.832

从表 8.10 中可以看出，对数函数、幂函数和二项式函数模型拟合度较好，其中对数函数 $R^2=0.832$，故选择对数函数为最优模型，见式 (8.4)，拟合图见图 8.20。

$$S_v = 14.044\ln(E) + 74.277, \qquad R^2 = 0.832 \tag{8.4}$$

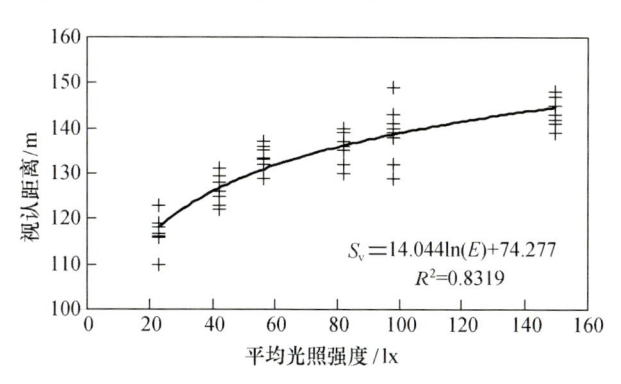

图 8.20　$v=50$km/h 时对数拟合

表 8.11　$v=60$km/h 时驾驶人视认距离与平均光照强度关系模型参数标定

序号	模型	a	b	c	R^2
1	线性函数	0.272	—	99.462	0.796
2	二项式	−0.002	0.689	85.816	0.897

续表

序号	模型	a	b	c	R^2
3	逆模型	−950.5	—	138.1	0.865
4	幂函数	58.883	0.17	—	0.895
5	指数函数	100.25	0.003	—	0.767
6	对数函数	19.758	—	37.927	0.903

同上，比较 R^2 知，对数函数拟合度最高，因此选择对数函数为最优模型，见式（8.5），拟合图见图 8.21。

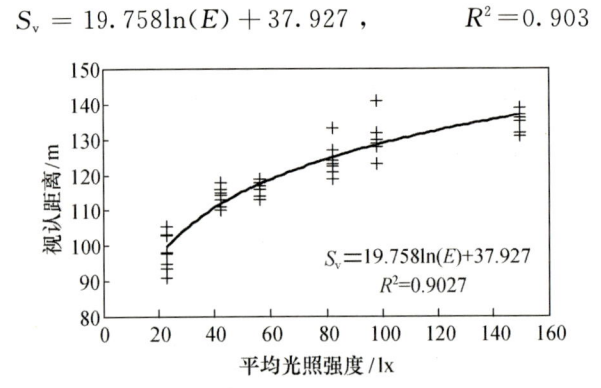

$$S_v = 19.758\ln(E) + 37.927, \qquad R^2 = 0.903 \tag{8.5}$$

图 8.21 $v=60$ km/h 时对数拟合

综上分析，对数函数模型对中速条件下的驾驶人视认距离与光照强度关系拟合最好。

8.3.4 高速等级下视认距离与照度模型

采用 SPSS 软件对不同行车速度下的关系模型参数进行标定，从中选择能说明二者关系的最优模型，标定结果见表 8.12 和表 8.13。

表 8.12　$v=70$ km/h 时驾驶人视认距离与平均光照强度关系模型参数标定

序号	模型	a	b	c	R^2
1	线性函数	0.215	—	82.866	0.728
2	二项式	−0.0018	0.536	72.538	0.814
3	逆模型	−694.5	—	112.3	0.675
4	幂函数	51.676	0.156	—	0.798
5	指数函数	83.598	0.002	—	0.732
6	对数函数	15.22	—	35.869	0.781

从表 8.12 中各模型参数标定结果分析看来，二项式函数模型拟合度较好，故选择二项式函数为最优模型，见式（8.6），拟合图见图 8.22。

$$S_v = -0.0018E^2 + 0.536E + 72.538, \qquad R^2 = 0.814 \tag{8.6}$$

同上，选择二项式函数模型为最优模型，模型见式（8.7），拟合图见图 8.23。

$$S_v = -0.0011E^2 + 0.3305E + 73.049, \qquad R^2 = 0.713 \qquad (8.7)$$

综上分析,二项式函数模型对高速条件下的驾驶人视认距离与光照强度关系拟合较好。

表 8.13　　$v=80\text{km/h}$ 时驾驶人视认距离与平均光照强度关系模型参数标定

序号	模型	a	b	c	R^2
1	线性函数	0.1388	—	79.33	0.556
2	二项式	−0.0011	0.3305	73.049	0.713
3	逆模型	−441.8	—	98.19	0.501
4	幂函数	56.966	0.1087	—	0.593
5	指数函数	79.641	0.0015	—	0.556
6	对数函数	9.7298	—	49.39	0.583

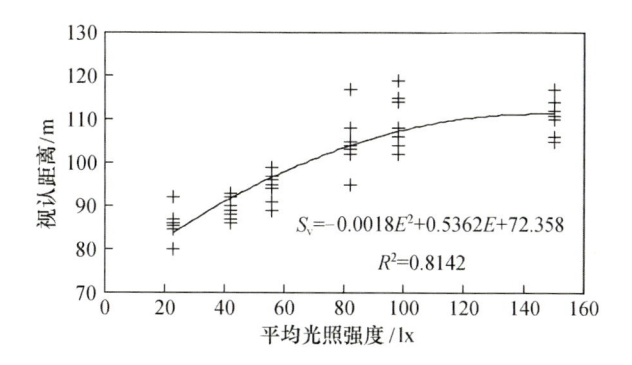

图 8.22　$v=70\text{km/h}$ 时二项式拟合

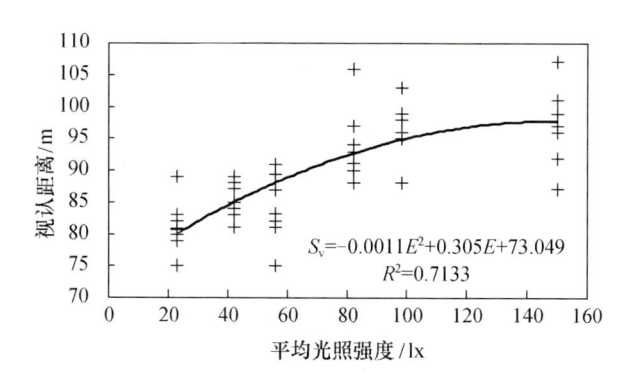

图 8.23　$v=80\text{km/h}$ 时二项式拟合

第 9 章

城市道路人行横道处夜间车速限制与照明设计指标

本章拟构建夜间驾驶人视认距离-车速-光照强度三者间的关系模型，通过对关系模型的标定和检验，确定视认距离-车速-光照强度最优模型形式，进而根据驾驶人夜间视认距离与汽车安全停车距离的关系，建立考虑过街行人的夜间安全行车判别条件。通过迭代计算，给出不同光照强度下的人行横道所在路段的车速限制值和限速标志前置距离计算式，并对路段人行横道处光照强度及路灯布设形式给出建议。

9.1 视认距离-车速-光照强度关系模型

第7章与第8章采用单因素分析法分别分析了视认距离与车速、视认距离与光照强度的关系，并建立了不同照明条件下视认距离-车速模型和不同车速等级下视认距离-光照强度模型。本节将结合前两章的视认距离-车速和视认距离-光照强度规律分析和模型形式，构建视认距离-车速-光照强度关系模型，见图9.1。

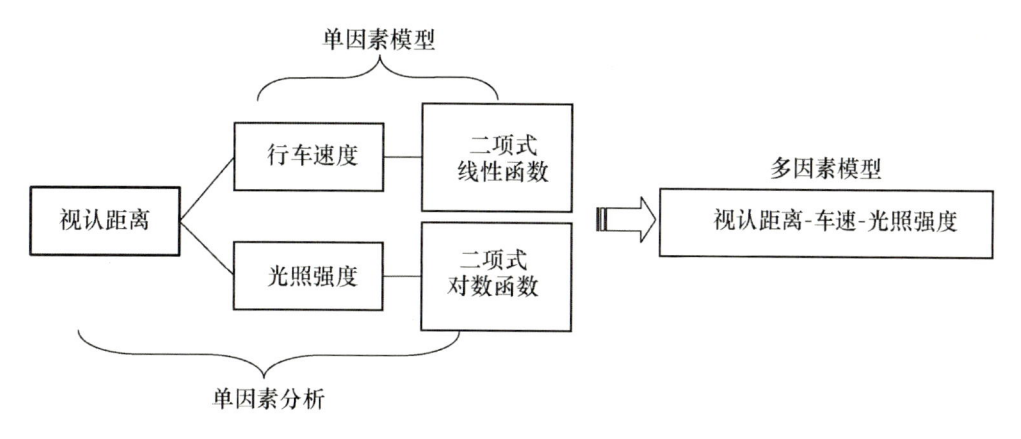

图 9.1 多因素关系模型构建思路

9.1.1 模型构建

从第7章及第8章的分析可知，驾驶人视认距离随车速和光照强度的变化呈现出这样的规律：当人行横道处光照条件一定时，驾驶人视认距离随车速的逐渐增长而降低，二者间存在较强的负相关性，对视认距离随车速变化规律描述得较好的是二项式函数和线性函数；当车辆行驶速度一定时，驾驶人视认距离随人行横道处光照强度的增长而逐渐增大，但这种增长趋势并不是恒定不变的，当光照强度提高到一定值后增长趋势有所放缓，对视认距离随光照强度变化规律描述得较好的是二项式函数和对数函数。因此，在构建视认距离-车速-光照强度模型的时候，应遵从上述变化规律，并对其拟合模型进行参考借鉴。为了更加直观地认清视认距离随车速和平均光照强度的变化规律，用采集到的数据绘制三维空间图，见图9.2。

结合前文分析结果，对驾驶人视认距离-车速-光照强度可能关系模型进行假设，假设存在的8种关系模型，见表9.1。

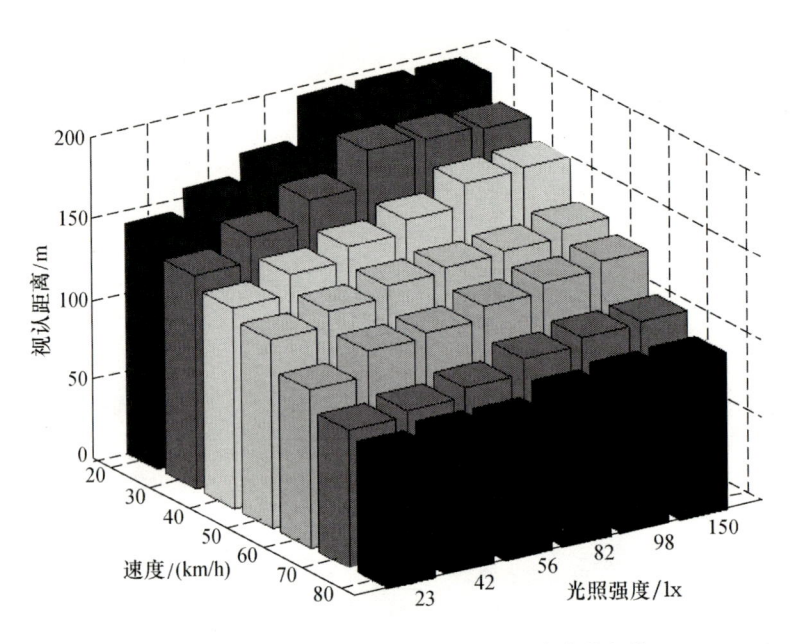

图 9.2 视认距离随车速和平均光照强度变化规律

表 9.1 视认距离-车速-平均光照强度可能的关系模型

序号	可能的关系模型	a	b	c	d	k
1	$S_v = a \cdot v + b \cdot E + c$	待标定	待标定	待标定	待标定	待标定
2	$S_v = a \cdot \ln(v) + b \cdot E + c$	待标定	待标定	待标定	待标定	待标定
3	$S_v = a \cdot v + b \cdot \ln(E) + c$	待标定	待标定	待标定	待标定	待标定
4	$S_v = a \cdot \ln(v) + b \cdot \ln(E) + c$	待标定	待标定	待标定	待标定	待标定
5	$S_v = a \cdot v^2 + b \cdot v + c \cdot E^2 + d \cdot E + k$	待标定	待标定	待标定	待标定	待标定
6	$S_v = a \cdot v^2 + b \cdot v + c \cdot \ln(E) + k$	待标定	待标定	待标定	待标定	待标定
7	$S_v = a \cdot e^{bv} + c \cdot \ln(E) + k$	待标定	待标定	待标定	待标定	待标定
8	$S_v = a \cdot v + b \cdot E^c + k$	待标定	待标定	待标定	待标定	待标定

9.1.2 参数标定

运用数理统计分析软件,对试验采集到的 336 个数据进行分析,得到可能关系模型中的参数及相关系数,见表 9.2。

表 9.2 视认距离-车速-平均光照强度模型参数标定

序号	可能的关系模型	a	b	c	d	k	R^2
1	$S_v = a \cdot v + b \cdot E + c$	−1.5	0.287	—	—	186.3	0.918
2	$S_v = a \cdot \ln(v) + b \cdot E + c$	−64.1	0.287	—	—	356.2	0.881
3	$S_v = a \cdot v + b \cdot \ln(E) + c$	−1.5	21.056	—	—	120.5	0.968
4	$S_v = a \cdot \ln(v) + b \cdot \ln(E) + c$	−64.1	21.056	—	—	290.4	0.901
5	$S_v = a \cdot v^2 + b \cdot v + c \cdot E^2 + d \cdot E + k$	0	−1.391	−0.003	0.85	165.6	0.924

续表

序号	可能的关系模型	a	b	c	d	k	R^2
6	$S_v = a \cdot v^2 + b \cdot v + c \cdot \ln(E) + k$	0	−1.391	21.056	—	118.3	0.912
7	$S_v = a \cdot e^{bv} + c \cdot \ln(E) + k$	0	1	34.768	—	26.0	0.211
8	$S_v = a \cdot v + b \cdot E^c + k$	−1.5	3390.5	0.006	—	−3269	0.833

对表 9.2 中各模型形式进行对比，模型 5、模型 6 和模型 7 失败。对其余关系模型的选择以相关系数为标准，得到视认距离-车速-平均光照强度最优关系模型为模型 3，模型具体形式如下：

$$S_v = -1.5v + 21.056\ln(E) + 120.5, \quad R^2 = 0.968 \tag{9.1}$$

式中，S_v——夜间驾驶人视认距离，m；

v——汽车行驶速度，km/h；

E——人行横道处平均光照强度，lx。

从视认距离-车速-平均光照强度模型形式看来，夜间驾驶人对过街行人的视认距离与车速基本成负的线性关系，与人行横道处平均光照强度成正的自然对数关系，这与前面的单因素分析结果十分相近。

9.2 城市道路人行横道处夜间车速限制

9.2.1 安全行车条件判别

夜间行车环境下，驾驶人需要不断采集前方道路及车辆周边的交通信息，同时需要对获得的各类信息进行分析和判断，进而采取合理的措施，避免发生交通事故。从驾驶人收集信息、分析、判断、决策到采取措施的过程是一个复杂的系统过程，现可将这个复杂的过程简化为三个阶段，分别为：前方过街行人出现阶段；经过一段时间驾驶人发现并辨别出过街行人，准备采取适当的措施；驾驶人经过决策立即采取措施，如降低车速或者使车辆停止，避开过街行人，以确保过街行人的安全。在此过程中，过街行人作为交通参与者中的相对弱者，驾驶人必须考虑其安全。

如图 9.3 所示，为尽量确保夜间人行横道处过街行人安全，驾驶人对过街行人的夜间视认距离与汽车安全停车距离必须满足

$$S_v \geqslant S_T \tag{9.2}$$

$$S_T = S_R + S_B + S_O \tag{9.3}$$

式中，S_T——汽车安全停车距离，m；

S_v——驾驶人夜间视认距离，m；

S_R——夜间制动反应距离，m；

S_B——制动距离，m；

S_O——安全距离，m；

1. 视认距离 S_v

由第 7 章和第 8 章的分析可知，夜间驾驶人对过街行人的视认距离是随着车速和人行横道处

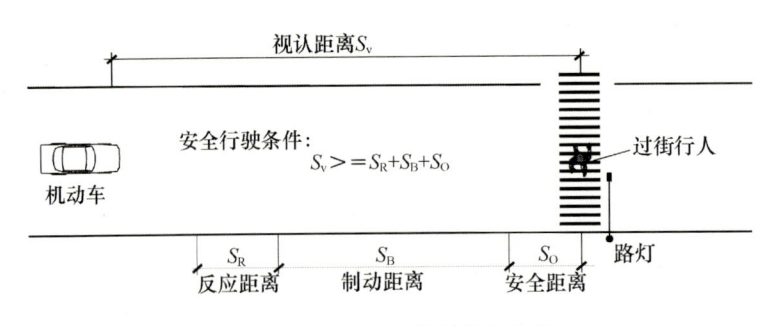

图 9.3 安全行车判别条件示意

光照强度变化的。夜间驾驶人视认距离计算模型见式（9.1）。

2. 制动反应距离 S_R

S_R 为汽车在驾驶人制动反应时间内以制动初速度行驶的距离，该距离可用制动反应时间与制动前的初速度相乘得到。当车辆制动前的行驶速度已知时，通过测得夜间驾驶人制动反应时间就能够计算得到制动反应距离。本研究中驾驶人制动反应时间 T_0 可细分为四个部分，分别为驾驶人视认出前方过街行人的时间 T_1、分析信息至决定采取制动措施的时间 T_2、把脚从油门踏板移动至刹车板的时间 T_3 和使刹车板与制动器完全接触并开始产生制动力的时间 T_4，即

$$T_0 = T_1 + T_2 + T_3 + T_4 \tag{9.4}$$

相关研究表明，在实验条件较为理想的情况下，驾驶人发现并确定危险状况的时间仅有 0.4s，即 $T_1+T_2=0.4$s；驾驶人把脚从汽车油门踏板移动至刹车板的时间约为 0.2s，即 $T_3=0.2$s；从脚碰到汽车刹车板开始至踩下并开始产生制动力的时间约为 0.1s，即 $T_4=0.1$s；四部分时间共计约为 0.7s。但这个时间是在实验环境较为理想的情况下测得的，与实际情况有较大差异。在实际情况中，驾驶人的制动反应时间普遍高于 0.7s，且随驾驶人及实际交通情况的改变而有很大不同，因此不宜采用此值。

Lerner 给出了正常天气条件下的制动反应时间，前提条件是驾驶人不知道前方障碍物的情况，研究表明驾驶人制动反应时间呈对数正态分布，测试结果见表 9.3。

表 9.3 驾驶人制动反应时间 单位：s

分类	平均值	标准值	50%位	85%位	95%位	99%位
未知障碍物	1.31	0.61	1.18	1.87	2.45	3.31

在夜间条件下，驾驶人对前方路段过街行人的出现无法预知，为了保证过街行人的安全，制动反应时间取值必须覆盖大部分驾驶人，因此驾驶人制动反应时间参照表 9.3 中未知障碍物条件下的 95%值，即确定夜间条件下驾驶人制动反应时间 $T_0=2.45$s，故夜间驾驶人制动反应距离可按下式计算：

$$S_R = vT_0 = 2.45v \tag{9.5}$$

式中，S_R——夜间驾驶人制动反应距离，m；
v——汽车行驶速度，m/s。

3. 制动距离 S_B

制动距离指驾驶人踩下刹车板之后，汽车从开始减速至其完全静止的过程所驶过的距离。汽车制动过程可以划分为两个阶段：第一个阶段为制动器刚开始产生作用，制动力从零逐步增

第 9 章　城市道路人行横道处夜间车速限制与照明设计指标

大至最大制动力，可设该阶段汽车行驶时间为 T_5，驶过的距离为 S_1；第二阶段为当制动力达到最大值并持续制动至汽车停止，可设该阶段汽车行驶时间为 T_6，驶过的距离为 S_2。汽车制动过程见图 9.4。

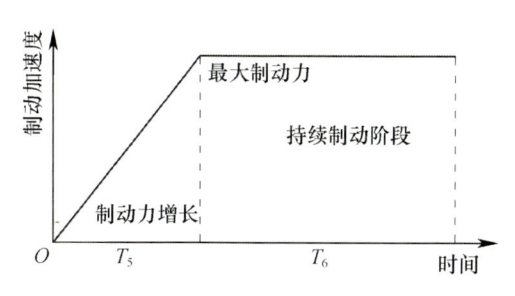

图 9.4　汽车制动过程示意

设汽车制动阶段其制动的最大减速度为 a_{max}，制动初速度为 v_0，则制动力增长时间 T_5 内汽车行驶的距离为

$$S_1 = v_0 T_5 - \frac{a_{max}}{6} T_5^2 \tag{9.6}$$

当制动力达到最大值时，设此时的速度为 v_1，即

$$v_1 = v_0 - \frac{a_{max}}{2} T_5 \tag{9.7}$$

在此阶段车辆作匀减速运动，其制动减速度为 a_{max}，设车辆驶过的距离为 S_2，其计算公式为

$$S_2 = \frac{v_0^2}{2a_{max}} - \frac{v_0 T_5}{2} + \frac{a_{max} T_5^2}{8} \tag{9.8}$$

由式（9.7）和式（9.8）可得汽车制动距离 S_B，即

$$S_B = S_1 + S_2 = \frac{v_0 T_5}{7.2} + \frac{v_0^2}{25.92 a_{max}} \tag{9.9}$$

汽车制动减速度 a_{max} 计算公式为

$$a_{max} = g\varphi \tag{9.10}$$

式中，g——重力加速度，9.8m/s²；

φ——路面滑动附着系数，一般取 0.7。

将式（9.10）代入式（9.9）中，得到

$$S_B = \frac{v_0 T_5}{7.2} + \frac{v_0^2}{25.92 g\varphi} \tag{9.11}$$

式中，T_5——制动力上升时间，一般取 0.2。

所以，最终可得驾驶人制动距离为

$$S_B = \frac{v_0}{36} + \frac{v_0^2}{177.81} \tag{9.12}$$

式中，v_0——汽车制动时行驶初速度，m/s。

4. 安全距离 S_0

安全距离是指当汽车制动至完全静止时车辆前端距离过街行人或障碍物的距离，取值范围为 5~10m，本研究取中间值 8m。

综上所述，可得夜间汽车安全停车距离为

$$S_T = 2.45v_0 + \frac{v_0}{36} + \frac{v_0^2}{177.81} + 8 \tag{9.13}$$

9.2.2 路段夜间限速值确定

1. 理论计算

由式（9.1）和 9.2 节分析可知，驾驶人对过街行人的视认距离随着车辆行驶速度和照度变化而改变。在人行横道处光照条件一定的情况下，车速越高，视认距离越小；而随着车速的提高，驾驶人安全停车距离也越来越大。当安全停车距离大于驾驶人视认距离时，安全行车条件平衡就被打破了。由此可知，在人行横道处光照条件一定的情况下，存在这样一个临界状态，即当车速增大到一定值时驾驶人视认距离恰好等于汽车安全停车距离。因此，设有人行横道的路段夜间安全行车临界条件为

$$S_v = S_T \tag{9.14}$$

结合式（9.1）、式（9.13）和夜间限速值试算流程（见图 9.5）即可试算出某一人行横道所在路段的夜间限速值。

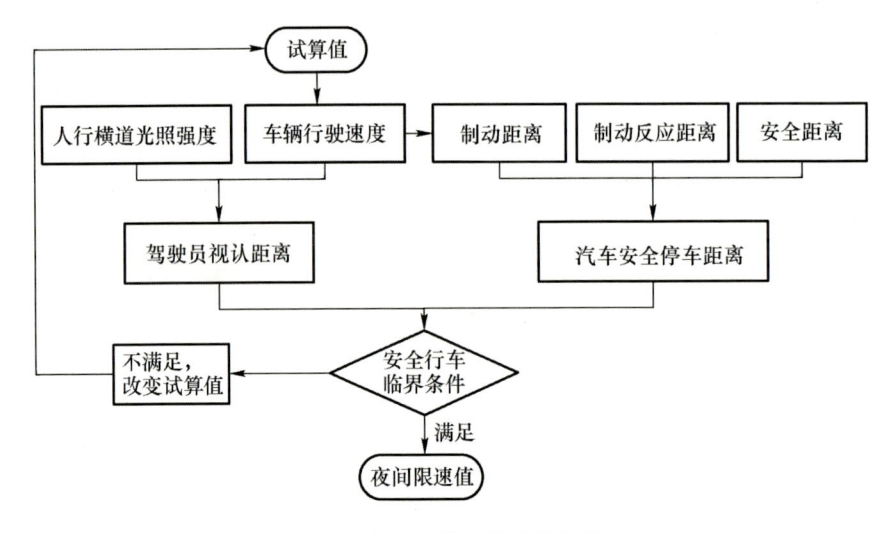

图 9.5 夜间限速值试算流程

假设 v_f 为满足安全行车临界条件的速度值，将其代入由临界条件构建的等式中，可推算得到满足夜间安全行车条件的限速值，即

$$-1.5v_f + 21.056\ln(E) + 120.5 = 2.45v_f + \frac{v_f}{36} + \frac{v_f^2}{177.81} + 8 \tag{9.15}$$

等号左边为夜间驾驶人对过街行人的视认距离，等号右侧为汽车安全停车距离。

变换式（9.15），得到路段机动车夜间限速值计算式，即

$$v_f = 88.905\sqrt{0.474\ln(E) + 18.354} + 353.644 \tag{9.16}$$

2. 案例分析

结合夜间限速值试算流程和式（9.16），对试验中不同光照条件下的设有人行横道的路段限速值进行反复试算，得到速度限制建议值，见表 9.4。

表 9.4　不同光照强度下路段限速建议值

人行横道编号	平均光照强度/lx	该路段限速建议值 v_f/(km/h)
1	150	51
2	98	49
3	82	48
4	56	46
5	42	45
6	23	42

对设有路段人行横道的城市道路来说，当不同光照强度下的路段限速建议值小于道路设计速度时就应该对该路段进行限速，使机动车以小于或等于限制车速值靠近或通过路段人行横道，以确保过街行人的安全。

9.2.3　夜间限速标志前置距离

在 9.2.2 节中计算得到了不同光照强度下的路段行车限速值，并建议通过设置限速标志来控制路段夜间行车速度，以确保人行横道处的行人安全。限速标志应设置在路段人行横道前一定的距离之内，使驾驶人能够提前做好降低行车速度的准备，确保以低于限制车速的速度通过人行横道。

夜间限速标志前置距离 L_0 是指为了使驾驶人在进入危险区域时车速达到限速值内，而将限速标志提前设置的距离。识别距离 S_E 是指驾驶人夜间能够准确判读限速标志内容的距离。反应距离 S_R 是指驾驶人识别标志后需要一段时间后才能采取相应措施或手段，车辆在驾驶人这段反应时间内驶过的距离。减速距离 S_L 是指驾驶人从行驶初速度 v_0 降低至限速值之内的过程中车辆所驶过的距离。如图 9.6 所示，为保证过街行人的安全，各距离应满足

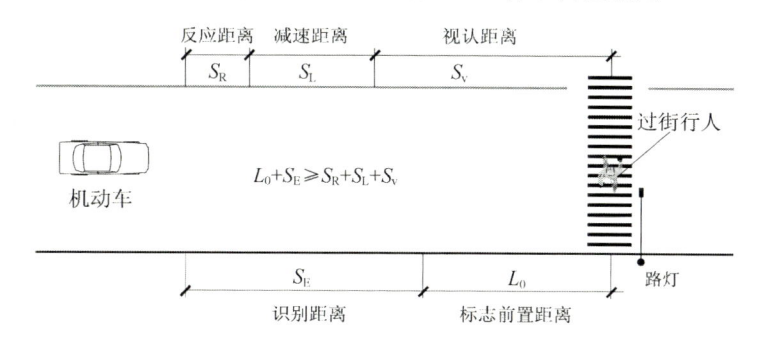

图 9.6　各距离组成关系

$$L_0 + S_E \geqslant S_R + S_L + S_v \tag{9.17}$$

式中，L_0——夜间限速标志前置距离，m；

S_E——识别距离，m；

S_R——反应距离，m；

S_L——减速距离，m；

S_v——视认距离，m。

变换式（9.17）的形式可得

$$L_0 \geqslant S_R + S_L + S_v - S_E \tag{9.18}$$

当式（9.18）取"="时，可计算得到满足要求的最小前置距离。如上所述，驾驶人制动反应时间参照相关研究中的95%位取值，即驾驶人制动反应时间取2.45s，故夜间驾驶人制动反应距离为

$$S_R = \frac{v}{3.6} \times 2.45 = 0.681v \tag{9.19}$$

式中，v——行车速度，km/h。

直路段的减速距离可简化按下式计算：

$$S_L = \frac{v^2 - v_1^2}{254\varphi} \tag{9.20}$$

式中，v_1——夜间限速值，km/h；

φ——路面附着系数，潮湿状态下的水泥路面取0.5，沥青路面取0.4。

在公式（9.18）中，尚需确定的参数为驾驶人夜间对限速标志的识别距离 S_E，试验采集的驾驶人对限速标志的识别距离数据见表9.5。

表9.5　　　　　驾驶人夜间对限速标志的识别距离　　　　　单位：m

识别距离/m	平均照度/lx					
	150	98	82	56	42	23
平均值	110.6	109.3	104.5	95.0	89.4	85.9

根据式（9.1）和式（9.18）～式（9.20），可得到城市道路人行横道处夜间限速标志的最小前置距离计算公式为

$$L_0 = \frac{v^2 - v_1^2}{254\varphi} - 0.819v + 21.056\ln(E) + 120.5 - S_E \tag{9.21}$$

式（9.21）中，车辆行驶速度 v 的取值考虑夜间行车速普遍较高，本研究取为70km/h。综上，可计算得出对应不同路面类型与限制速度的夜间人行横道处限速标志前置距离建议值，如表9.6所示。表中的夜间限速标志前置距离建议值适用范围为：行驶速度70km/h，路灯平均照度24～150lx，低照度值对应的限速标志前置距离取低限，高照度值对应的限速标志前置距离取高限。

表9.6　　　　　夜间限速标志前置距离建议值

路面类型	限制速度/(km/h)	前置距离/m
沥青路面	60	57.0～70.8
	50	67.8～81.7
	45	72.5～86.3
	40	76.7～90.6

续表

路面类型	限制速度/(km/h)	前置距离/m
水泥路面	60	54.4～68.3
	50	63.1～77.0
	45	66.8～80.7
	40	70.2～84.1

9.3 城市道路人行横道处照明设计指标

9.3.1 人行横道处平均照度的确定

1. 理论计算

限制路段行车速度在一定程度上会降低道路使用效率，通过前述分析可知，在车速一定的条件下，适当提高人行横道处光照强度即可增大驾驶人对过街行人的视认距离。也就是说，提高人行横道处光照强度的同时也间接提高了路段的行车限速值。为了提高城市道路行车速度，同时确保人行横道处过街行人的安全，有必要对道路人行横道处照明设施应提供的合理光照照度进行试算。路段人行横道处合理光照强度值试算流程见图9.7。

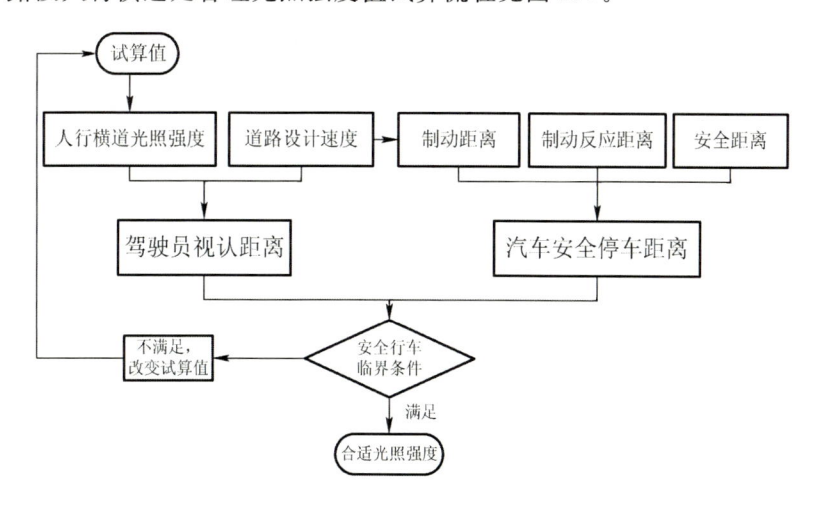

图 9.7 路段人行横道处光照强度试算流程

同样，可在假设道路路段车辆行驶速度的情况下，对人行横道处所需光照强度进行试算。由式（9.15）也可推导出人行横道处光照强度试算式，即

$$E = \exp(0.000\,261 v_t^2 + 0.1845 v_t - 5.218) \tag{9.22}$$

式中，E——人行横道处平均光照强度，lx；

v_t——试算行车速度值，km/h。

2. 案例分析

结合路段人行横道处光照强度试算流程及公式（9.22），可计算得出不同设计速度下的路段人行横道光照强度试算值，见表9.7。从试算结果分析可知：

表 9.7　　　　　　　　不同行车速度条件下人行横道处试算光照强度

行车速度 v_f/（km/h）	对应光照强度值/lx
80	96 728
70	9797
60	1047
50	118
45	41
40	15
30	2

1）当车辆行车速度达到 80km/h 时，路段过街行人横道处光照强度平均值需达到 96 728lx，这已经与昼间光照强度十分相近；行车速度为 70km/h 时，人行横道处平均光照强度为 9797lx，该照度值也趋近于昼间光照强度。但夜间很难也没有必要达到如此之高的光照强度。这也从另一角度解释了城市主干路最高设计速度为 60km/h 的原因。

2）从表 9.7 中试算光照强度分析来看，不同行车速度对应的光照强度值差距较大。随着速度的提高，光照强度呈指数增长，见图 9.8。这说明了在高速行车条件下，为了确保驾驶人在安全距离内视认过街行人，需要在人行横道处极大地提高光照强度；同时也表明当速度达到一定值后，提高人行横道处光照强度从而增大行车速度并确保安全的效果也变得十分有限，如图 9.9 所示。

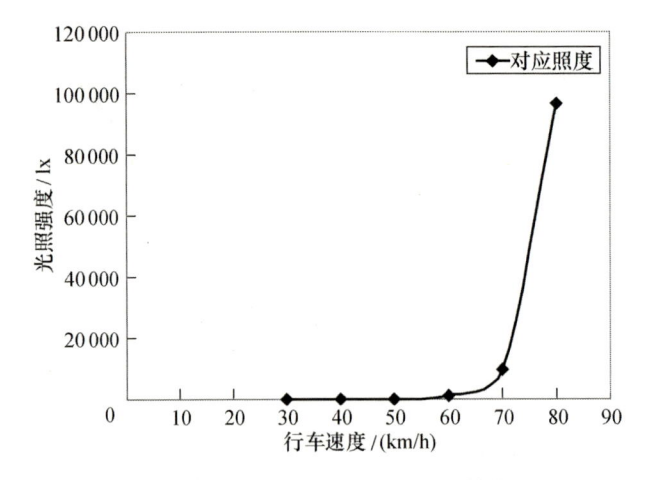

图 9.8　不同速度下光照强度试算值

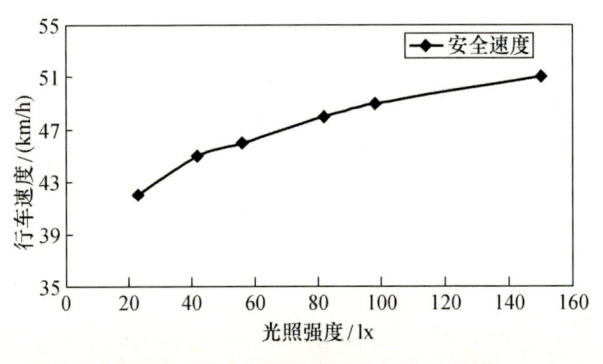

图 9.9　不同光照强度对应的安全速度

3)《城市道路工程设计规范》规定城市主干路最高设计速度为60km/h。从3.1节中对哈尔滨市昼夜道路行车速度的调查可知，夜间主干路最高行车速度也在60km/h左右，而且当车辆在接近路段人行横道时驾驶人也会有降低行车速度的趋势，可见适当提高光照强度即可满足安全行车的要求。

综上分析，对新建的城市主干路路段人行横道处平均光照强度建议值为120lx。

9.3.2 人行横道处平均亮度的确定

1. 理论分析

将采集到的6个路段人行横道路面亮度观测值按照边缘至路中的顺序排列，如表9.8所示，将计算得到的平均亮度列于表9.8中的最后1列。观测的驾驶人对过街行人的视认距离数据见表9.9。

表9.8　　　　　　　　　　试验路段人行横道亮度测定值

路段编号	各测点亮度值/lx					平均亮度/(cd/m²)
	1号	2号	3号	4号	5号	
1	121	55	28	9	6	44
2	47	39	20	14	9	26
3	56	40	15	5	3	24
4	24	23	14	7	5	15
5	16	20	10	5	4	11
6	2	4	6	6	5	5

用表9.9中的数据绘制三维空间图，如图9.10所示。分析可知，驾驶人视认距离呈现出以下变化规律：

1) 当人行横道处路面亮度一定时，驾驶人对过街行人的视认距离随行驶车速的逐渐增长而降低。

2) 当车辆行驶速度一定时，驾驶人对过街行人视认距离随人行横道处路面平均亮度的增长而逐渐增大，但这种增长趋势随着路面平均亮度的提高而有所放缓。

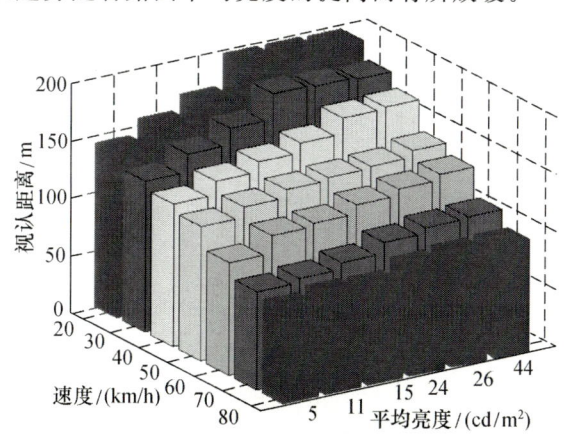

图9.10　驾驶人夜间对过街行人的视认距离变化规律

表 9.9　　　　　　　　　　驾驶人夜间对过街行人的视认距离试验数据

平均亮度 /(cd/m²)	行驶速度 /(km/h)	视认距离/m									
		测试者1	测试者2	测试者3	测试者4	测试者5	测试者6	测试者7	测试者8	平均值
44	20	199	191	196	198	190	197	199	193	195
	30	177	188	176	172	186	182	189	173	180
	40	158	177	173	169	152	181	175	165	169
	50	145	142	147	143	141	148	143	139	144
	60	135	139	137	136	131	135	139	132	136
	70	106	112	110	114	105	117	110	111	111
	80	96	97	99	101	87	92	99	107	97
26	20	199	201	192	197	187	199	204	193	196
	30	180	190	173	193	169	192	174	187	182
	40	168	164	170	169	161	168	173	165	167
	50	141	140	139	138	132	149	129	143	139
	60	132	128	129	130	123	128	141	132	130
	70	115	104	106	114	119	108	106	102	109
	80	95	98	99	96	88	98	103	96	97
24	20	189	206	193	196	185	197	208	196	196
	30	179	183	186	185	177	189	182	190	184
	40	154	150	147	169	168	150	137	153	154
	50	136	139	137	140	130	135	132	140	136
	60	123	124	121	127	119	133	123	127	125
	70	104	105	103	102	95	117	108	102	105
	80	90	94	91	93	88	97	90	106	94
15	20	172	168	167	169	179	159	167	172	169
	30	162	159	165	165	160	164	153	166	162
	40	148	145	144	146	142	153	146	138	145
	50	135	136	133	132	129	137	132	133	133
	60	116	117	119	118	113	119	118	114	117
	70	96	95	99	97	89	99	94	91	95
	80	87	91	83	89	81	82	75	89	85
11	20	153	155	159	150	155	159	162	156	156
	30	147	142	149	153	143	142	149	155	147
	40	138	136	137	134	141	134	137	135	137
	50	128	126	129	125	122	131	123	126	126
	60	116	113	115	114	110	118	115	111	114
	70	92	90	89	87	90	93	88	86	89
	80	85	87	88	84	81	89	85	83	85

续表

平均亮度/(cd/m²)	行驶速度/(km/h)	视认距离/m								
		测试者1	测试者2	测试者3	测试者4	测试者5	测试者6	测试者7	测试者8	平均值
5	20	143	142	137	140	142	137	146	155	143
	30	129	138	130	134	138	129	123	136	132
	40	120	125	121	129	122	116	128	133	124
	50	117	116	119	118	116	119	110	123	117
	60	98	94	103	106	91	98	95	103	98
	70	86	87	85	86	92	80	85	86	86
	80	83	81	82	81	75	89	79	80	81

采用 SPSS 软件，对观测的 336 组驾驶人视认距离、行驶车速、路面亮度数据进行多元回归分析，相关性最高的模型形式（$R^2=0.812$）为

$$S_v = -64.1\ln(V) + 1.02L_a + 356.2 \quad (9.23)$$

式中，L_a——人行横道处路面平均亮度，cd/m²。

2. 建议值

为保证过街行人安全，驾驶人的视认距离应大于停车视距，即

$$-1.5v + 21.056\ln(L_a) + 147.207 \geqslant S_T \quad (9.24)$$

式中，S_T——停车视距，m，《城市道路工程设计规范》（CJJ37—2012）给出的对应不同设计速度的城市道路停车视距如表 9.10 所示。

表 9.10　　　　　　　　　　城市道路停车视距

设计速度/(km/h)	100	80	60	50	40	30	20
停车视距/m	160	110	70	60	40	30	20

根据公式（9.24）可知，驾驶人夜间对过街行人的视认距离与行驶车速呈反比例线性关系，与路面平均亮度呈正比例对数关系。根据公式（9.24），同时引入车辆停止时距行人的安全距离为 5.0m，可得路面平均亮度最小值的计算公式为

$$L_{amin} = e^{\frac{S_T + 1.5v - 142.207}{21.056}} \quad (9.25)$$

式中，L_{amin}——人行横道处路面平均亮度最小值，cd/m²。

据观测，由于夜间交通量小，行驶车速较高，85%的车辆行驶车速分布在 50~80km/h。根据公式（9.25）与表 9.10，可计算得到对应不同行驶车速的路面平均亮度最小值，如表 9.11 所示。

表 9.11　　　　　　　　人行横道处路面平均亮度最小值计算

设计速度/(km/h)	80	60	50
路面平均亮度计算值/(cd/m²)	64.7	2.3	0.7
《标准》规定值/(cd/m²)	1.5~2.0	1.5~2.0	主干路：1.5~2.0；次干路：0.75~1.0

表 9.11 中，对应 80km/h 行驶车速的路面平均亮度要远大于《城市道路照明设计标准》规定值；对应 60km/h 行驶车速的路面平均亮度略高于《城市道路照明设计标准》规定值；对应

50km/h 行驶车速的路面平均亮度则略低于《城市道路照明设计标准》规定值。《城市道路照明设计标准》仅根据城市道路等级给出了路段的路面平均亮度规定值，没有考虑人行横道的特殊性及行驶车速对驾驶人视认距离的影响，不利于行车安全。另外，由于行驶车速提高要求道路照明大幅度提高设计标准，不利于节能，故有必要对人行横道处实施严格的夜间限速。

9.3.3 人行横道处路灯布设建议

根据《城市道路照明设计标准》可知，城市道路路灯布设方式有交错、对称、单侧、悬挂和中心对称布设式等 5 种。虽然标准对城市道路路灯布设做出了规定，但对路段人行横道处布设形式并未明确，使得布设形式各异。与路段照明设施布设要求一样，人行横道处路灯布设的基本要求是使路面平均照度及照度均匀度达到合理值，以保证驾驶人对过街行人的视认距离满足安全要求。

1. 单侧布设式

路灯被均匀布设于道路一侧。这种布设方式比较适合于路面较窄的次干路或支路。对驾驶人来说这种布设形式具有较好的视觉诱导性，但未布设路灯的一侧照度值往往较低，照度均匀度也不佳。在行车过程中，驾驶人注意力往往集中于较亮的区域，当过街行人位于未设路灯的一侧（即位于暗处）时就容易被驾驶人忽视，这对过街行人来说是十分危险的。因此，建议路段人行横道处路灯布设形式采用对称式，见图 9.11。

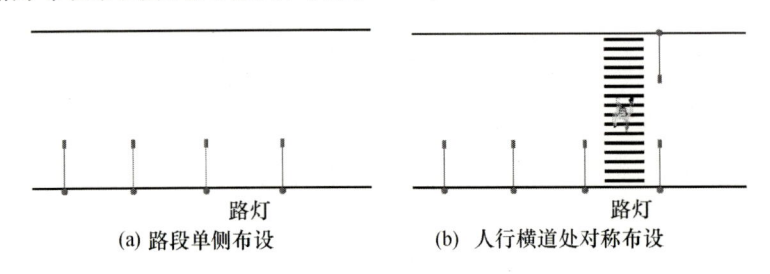

(a) 路段单侧布设　　　　(b) 人行横道处对称布设

图 9.11　单侧布设

2. 双侧对称布设

路灯被均匀且对称地布设于道路两侧。这种布设方式比较适合于路面较宽的主干路，照明效果较好。但为了使路段人行横道获得较好的照明效果，应将两侧路灯紧靠人行横道布设，见图 9.12。

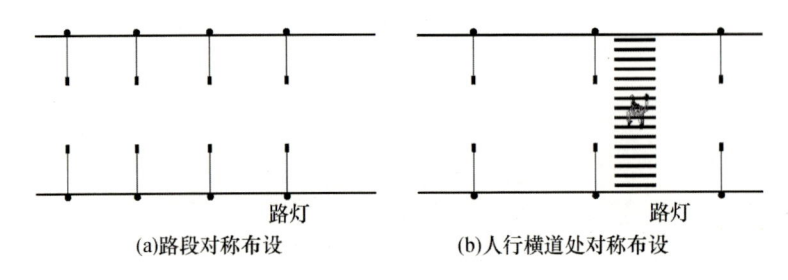

(a) 路段对称布设　　　　(b) 人行横道处对称布设

图 9.12　双侧对称布设

3. 双侧交错布设式

路灯被均匀且交替布设于道路两侧，其照明效果优于单侧式，但视觉诱导效果较差。路段人行横道路灯布设形式见图 9.13。

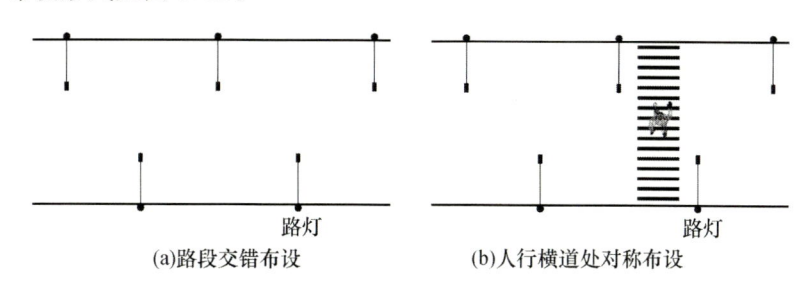

(a)路段交错布设　　　　　(b)人行横道处对称布设

图 9.13　双侧交错布设

4. 横向悬索布设式

路灯通过悬索横跨于道路上方，比较适合于两侧树木稠密、容易遮挡路灯光线的道路。由于悬索上的路灯不易固定，会因振动产生闪烁眩光，故未被广泛采用。如果采用此种布设方式，必须固定好悬索以减少摆动。该路段人行横道处路灯最好位于正上方，见图 9.14。

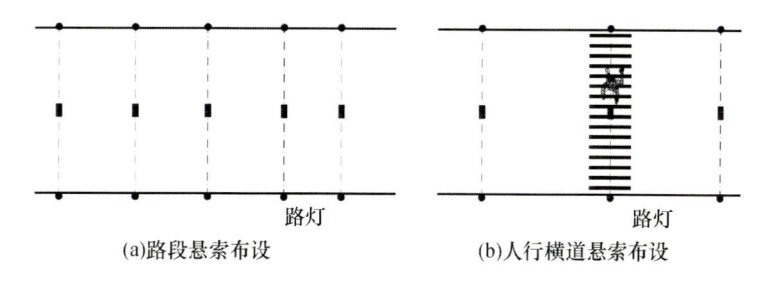

(a)路段悬索布设　　　　　(b)人行横道悬索布设

图 9.14　横向悬索布设

5. 中心对称布设式

路灯被均匀布设于道路中央分隔带上。由于有中央分隔带，这种布设方式与单侧布设式基本相同，同样具有良好的视觉诱导效果，而道路两侧的过街行人仍位于较暗处，因此建议在有路段人行横道的地方采用对称布设，见图 9.15。

(a)中心对称布设　　　　　(b)人行横道处布设

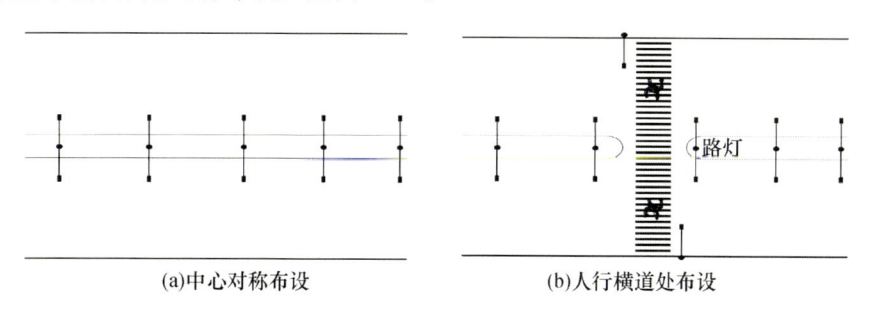

图 9.15　中心对称布设

参 考 文 献

[1] 中华人民共和国行业标准 CJJ45－2006．城市道路照明设计标准［S］．北京：中国建筑工业出版社．

[2] 中华人民共和国行业标准 CJJ37－2012．城市道路工程设计规范［S］．北京：中国建筑工业出版社．

[3] Cheng Guozhu, Liu Botong, Wu Lixin, et al. Noncooperative dynamic game model between drivers and crossing pedestrian［J］. Advances in Mechanical Engineering, 2015, Article ID 359528.

[4] 程国柱，吴立新，秦丽辉，等．城市道路人行横道处驾驶人决策行为规律及损失［J］．哈尔滨工业大学学报，2015，47（9）：63－67．

[5] 程国柱，刘博通，吴立新．城市道路过街行人风险感知及决策损失研究［J］．交通运输系统工程与信息，2014，14（3）：131－136．

[6] 程国柱，徐慧智，莫宣艳．驾驶员夜间对过街行人的视认规律研究［J］．哈尔滨工业大学学报，2013，45（6）：65－70．

[7] 程国柱，李德欢，吴立新，等．城市道路人行横道处照明指标的确定［J］．吉林大学学报（工学版）．2014，44（5）：1308－1314．

[8] 程国柱，秦丽辉，徐亮，等．城市道路人行横道处夜间限速标志前置距离研究［J］．交通运输系统工程与信息，2015，15（6）：227－237．

[9] 池利兵，程国柱，李德欢，等．城市道路路段行人过街信号设置研究［J］．城市交通，2015，13（1）：72－79．

[10] Xu Liang, Cheng Guozhu, Guo Yufeng, et al. Modeling driver characteristics of recognition to crossing pedestrian at night for maximum speed limit and lighting index in china［J］. Advances in Mechanical Engineering, 2015, Article ID 302462.

[11] 郭玉峰，程国柱，吴立新，等．城市道路人行横道夜间最高车速限制研究［J］．重庆交通大学学报，2015，34（5）：106－108，164．

[12] 刘博通．驾驶员与过街行人非合作动态博弈模型研究［D］．哈尔滨：哈尔滨工业大学，2013．

[13] 莫宣艳．设有人行横道的路段机动车夜间限速值研究［D］．哈尔滨：哈尔滨工业大学，2012．

[14] Davis, Gary A. Method for estimating effect of traffic volume and speed on pedestrian safety for residential streets［J］. Transportation Research Record: Journal of the Transportation Research Board 1636.1 (1998): 110－115.

[15] Ashton, S J. A preliminary assessment of the potential for pedestrian injury reduction through vehicle design［J］. No. SAE－801315, 1980.

[16] Pasanen, E, H Salmivaara. Driving speeds and pedestrian safety in the City of Helsinki［J］. Traffic engineering & control 34.6, 1993.

[17] Ma, Xiaoliang, Ingmar Andréasson. Predicting the effect of various ISA penetration grades on pedestrian safety by simulation［J］. Accident analysis and prevention 37.6, 2005: 1162.

[18] Simpson, Gordon, Lucy Johnston, et al. An investigation of road crossing in a virtual environment［J］. Accident Analysis & Prevention 35.5, 2003: 787－796.

[19] Tarawneh, Mohammed S. Evaluation of pedestrian speed in Jordan with investigation of some contributing factors［J］. Journal of Safety Research 32.2, 2001: 229－236.

[20] Keegan, Owen, Margaret O, Mahony. Modifying pedestrian behavior［J］. Transportation Research Part A: Policy and Practice 37.10, 2003: 889－901.

[21] Moyano Díaz, Emilio. Theory of planned behavior and pedestrians' intentions to violate traffic regulations［J］. Transportation research part F: traffic psychology and behaviour 5.3, 2002: 169－175.

［22］ Himanen, Veli, Risto Kulmala. An application of logit models in analysing the behaviour of pedestrians and car drivers on pedestrian crossings ［J］. Accident Analysis & Prevention 20. 3, 1988: 187 - 197.

［23］ Tiwari, Geetam, et al. Survival analysis: Pedestrian risk exposure at signalized intersections ［J］. Transportation research part F: traffic psychology and behaviour 10. 2, 2007: 77 - 89.

［24］ Sisiopiku, V P, D Akin. Pedestrian behaviors at and perceptions towards various pedestrian facilities: an examination based on observation and survey data ［J］. Transportation Research Part F: Traffic Psychology and Behaviour 6. 4, 2003: 249 - 274.

［25］ Hamed, Mohammed M. Analysis of pedestrians' behavior at pedestrian crossings ［J］. Safety Science 38. 1, 2001: 63 - 82.

［26］ Tiwari, Geetam, et al. Survival analysis: Pedestrian risk exposure at signalized intersections ［J］. Transportation research part F: traffic psychology and behaviour 10. 2, 2007: 77 - 89.

［27］ Dhillon, Preet K, et al. Assessment of hospital and police ascertainment of automobile versus childhood pedestrian and bicyclist collisions ［J］. Accident Analysis & Prevention 33. 4, 2001: 529 - 537.

［28］ Rosenbloom, Tova, Dan Nemrodov, Hadar Barkan. For heaven's sake follow the rules: pedestrians' behavior in an ultra - orthodox and a non - orthodox city ［J］. Transportation Research Part F: Traffic Psychology and Behaviour 7. 6, 2004: 395 - 404.

［29］ Kim, Ki Beum, et al. Time separation control between pedestrians and turning vehicles at intersections ［M］. Polytechnic University, 2004.

［30］ Hatfield J, Murphy S. The effects of mobile phone use on pedestrian crossing behaviour at signalized and unsignalized intersections ［J］. Accid Anal Prev., 2007, 39 (1): 197 - 205.

［31］ Curry, David G, Nielsen, et al. Driver detection of roadside obstacles at night. Proceedings of the Human Factors and Ergonomics Society ［R］. 51st Annual Meeting of the Human Factors and Ergonomics Society, Baltimore, MD, United states , 2007: 1181 - 1185.

［32］ Konstantopoulos Panos, Chapman Peter, Crundall David. Driver's visual attention as a function of driving experience and visibility. Using a driving simulator to explore drivers' eye movements in day, night and rain driving ［J］. Accident Analysis and Prevention, 210, 42 (3): 827 - 834.

［33］ Lim Ji Hyounl, Liu Yili, Tsimhoni Omer. Investigation of driver performance with night - vision and pedestrian -detection systems - part 2: Queuing network human performance modeling ［J］. IEEE Transactions on Intelligent Transportation Systems, 2010, 11 (4): 765 - 772.

［34］ Wood, Joanne M, Tyrrell, Richard A, et al. Limitations in drivers' ability to recognize pedestrians at night ［J］. Human Factors, 2005, 47 (3): 644 - 653.

［35］ Blanco Myra. Relationship between driver characteristics, nighttime driving risk perception, and visual performance under adverse and clear weather conditions and different vision enhancement systems ［D］. Virginia Polytechnic Institute and State University, 2004.

［36］ Donofrio Robert L. Simulated mesopic night driving and glare affects on driver visual response time to low luminance dashboard lighting ［R］. Society for Information Display - 2008 Vehicles and Photons Symposium, Digest of Technical Papers, 2008: 65 - 70.

［37］ Wood Joanne M, Owens D Alfred. Standard measures of visual acuity do not predict drivers' recognition performance under day or night conditions ［J］. Optometry and Vision Science, 2005, 82 (8): 698 - 705.

［38］ Zwahlen Helmut T, Russ Andrew, Schnell Thomas. Viewing ground - mounted diagrammatic guide signs before entrance ramps at night: Driver eye scanning behavior ［J］. Transportation Research Record, 2003 (1843): 61 - 69.

［39］ Lowden Arne, Anund Anna, Kecklund Göran1, Peters Björn and Åkerstedt Torbjörn. Wakefulness in young and elderly subjects driving at night in a car simulator ［J］. Accident Analysis and Prevention, 2009, 41 (5): 1001 - 1007.

[40] Jacqueline Bergdahl. Sex differences in attitudes toward driving: a survey [J]. The Social Science Journal, 2005, 42: 595~601.

[41] Horberry T, Anderson J, Regan M A. The possible safety benefits of enhanced road markings: A driving simulator evaluation [J]. Transportation Research Part F, 2006, 9: 77-87.

[42] Drissel Roger J, Spiegel Walter D. Are late-night truck drivers more dangerous? Not at one company [J]. Transportation Quarterly, 2003, 57 (2): 39-46.

[43] Michigan Univ., Ann Arbor. Relationships among Driver Age, Vehicle Cost, and Fatal Nighttime Crashes [R]. Transportation Research Institute. 2009.

[44] Keall Michael D, Frith, William J, Patterson Tui L. The influence of alcohol, age and number of passengers on the night-time risk of driver fatal injury in New Zealand [J]. Accident Analysis and Prevention, 2004, 36 (1): 49-61.

[45] Khalied Hyari, Khaled El-Rayes. Lighting Requirements for Nighttime Highway Construction [J]. Journal of Construction Engineering and Management, 2006, 5 (132): 435-443.

[46] Suh, W, Park P Y-J, Park, C H, Chon, K. S. Relationship between speed, lateral placement, and drivers' eye movement at two-lane rural highways [J]. Journal of Transportation Engineering, 2006, 132 (8): 649~653.

[47] S Plainis, I J Murray. Reaction times as an index of visual conspicuity when driving at night [J]. Ophthal Physiol Opt, 2002, 22: 409~415.

[48] Said M Easa, Maureen J Reed, Frank Russo, et al. Effect of increasing road light luminance on night driving rerformance of older adults [J]. International Journal of Engineering and Applied Sciences, 2010, 6 (1): 41-48.

[49] Preston, H, Rasmussen, C. Road safety audit report for TH 52 (Project No. 919380J-1.0), Minneapolis, MN: Minnesota Department of Transportation, 2002.

[50] 王俊骅, 方守恩. 路段行人-机动车冲突观测方法及冲突特性. 同济大学学报（自然科学版）[J], 2008, 36 (4): 503-507.

[51] 王俊骅, 方守恩. 行人机动车冲突模型及其行人过街风险控制应用. 同济大学学报（自然科学版）[J], 2009, 37 (9): 1191-1195.

[52] 马兰, 王肇飞. 基于交通冲突的交叉口行人过街安全性分析 [J]. 交通标准化, 2011 (11): 131-134.

[53] 朱芳芳. 无信号控制交叉口行人过街间隙选择模型研究 [J]. 交通信息与安全, 2011, 29 (2): 36-40.

[54] 杨晓芳, 韩印, 付强, 等. 无信号控制路段行人过街管理策略研究 [J]. 计算机工程与应用, 2009, 45 (9): 204-207.

[55] 杨晓光, 劳云腾, 云美萍. 无信号控制路段行人过街方式适用性研究. 同济大学学报（自然科学版）[J], 2007, 35 (11): 1466-1470.

[56] 刘光新, 李克平, 倪颖. 交叉口行人过街心理及交通行为分析 [J]. 交通科技与经济, 2008 (5): 58-61.

[57] 袁进霞, 张卫华, 丁恒, 等. 城市道路路段立体行人过街设施设置条件研究 [J]. 合肥工业大学学报, 2010, 33 (10): 1450-1453.

[58] 郭宏伟, 高自友, 赵小梅. 基于持续模型的行人过街行为 [J]. 吉林大学学报（工学版）, 2009, 39 (sup2): 35-40.

[59] 裴玉龙, 冯树民. 基于交通冲突的行人过街危险度研究 [J]. 哈尔滨工业大学学报, 2007, 39 (2): 285-287.

[60] 卢守峰, 王红茹, 刘喜敏. 基于生存分析法的行人过街最大等待时间研究 [J]. 交通信息与安全, 2009, 27 (5): 69-72.

[61] 任炜, 邵长桥. 行人通过人行横道交通行为初步分析 [J]. 道路交通与安全, 2006: 33-36.

[62] 赵建丽, 吴info平. 混合交通流条件下信号交叉口行人交通研究 [D]. 北京: 北京交通大学, 2004.

[63] 李灿, 袁振洲. 城市轨道交通枢纽乘客流交通特性分析及建模 [D]. 北京: 北京交通大学, 2008.

[64] Xiaoli Xie, Jiangbi Hu, Xiaoming Liu. The EEG changes during night-time driver fatigue [R]. IEEE Intelligent Vehicles Symposium, Proceedings, 2009: 935-939.

[65] Sun Dazhi. Study of the effectiveness of nighttime and truck speed limits [J]. Proceedings of the Conference on Traffic and Transportation Studies, 2010: 977-989.

[66] 赵亮, 赵建有, 高谋荣. 基于智能运输系统的夜间安全行车研究 [J]. ITS 通信, 2004, 3: 6-8.

[67] 金键. 驾驶员夜间视力与行车安全研究 [J]. 西南交通大学学报, 2000, 35 (2): 201-203.

[68] 张殿业, 戴明森, 金键. 汽车驾驶员暗适应能力与夜间安全行车分析. 中国公路学报, 1999, 12 (4): 107-109.

图书在版编目（CIP）数据

城市道路路段驾驶人与过街行人行为特征及安全保障/程国柱，刘博航，池利兵著．—北京：知识产权出版社，2016.8
　ISBN 978-7-5130-4439-4

　Ⅰ．①城… Ⅱ．①程… ②刘… ③池… Ⅲ．①城市道路—交通运输安全—研究 Ⅳ．①U492.8

中国版本图书馆CIP数据核字（2016）第207239号

责任编辑：刘　爽　　　　　责任校对：谷　洋
封面设计：刘　伟　　　　　责任出版：孙婷婷

城市道路路段驾驶人与过街行人行为特征及安全保障
程国柱　刘博航　池利兵　著

出版发行：知识产权出版社 有限责任公司		网　　址：http://www.ipph.cn	
社　　址：北京市海淀区西外太平庄55号		邮　　编：100081	
责编电话：010－82000860转8125		责编邮箱：39919393@qq.com	
发行电话：010－82000860转8101/8102		发行传真：010－82000893/82005070/82000270	
印　　刷：北京中献拓方科技发展有限公司		经　　销：各大网上书店、新华书店及相关专业书店	
开　　本：787mm×1092mm　1/16		印　　张：9.25	
版　　次：2016年8月第1版		印　　次：2016年8月第1次印刷	
字　　数：235千字		定　　价：39.00元	

ISBN 978-7-5130-4439-4

出版权专有　侵权必究
如有印装质量问题，本社负责调换。